이수정

연세대학교 심리학과를 졸업하고 같은 대학 대학원에서 사회심리학 석사 및 박사를 마쳤다. 또한 미국 아이오와대학교에서 심리측정 석사를 받고 박사 과정을 수료했다. 현재 경기대학교에서 범죄심리학과 교수로 재직 중이다.
법무부 교정개혁위원장, 국민경제자문회의 민생경제분과 위원으로 활동하고 있으며 과거 대법원 양형위원회 전문위원, 대검찰청 전문수사 자문위원, 여성가족부 정책위원장으로도 활동했으며, 위험 척도 등 다수의 전문적인 연구 논문을 여럿 발표했다.
BBC가 선정한 주한 유럽연합이 선정한 대한민국 여성 대표이다.
저서로 《최신 범죄심리학》 《사이코패스는 일상의 그늘에 숨어 지낸다》 《이수정 이다혜의 영화 프로파일》 등이 있다.

이은진

연세대학교 심리학과를 졸업하고 같은 대학 대학원에서 상담심리학 석사 및 박사를 마쳤다. 이후 미국 시카고로욜라대학교에서 여성학 석사, 박사후 과정을 밟았다. 현재 보라매병원 경찰마음동행센터에서 책임상담사로 재직 중이다.
한국심리학회 상담심리 전문가이며, 경기대학교 일반대학원 범죄심리학과 겸임교수 및 산학협력 교수, 건국대학교 산학협력 교수, 연세대학교 학부대학 사회계열 학사지도교수, 공무원마음건강센터 서울센터장을 지낸 바 있다.

이수정·이은진의
범죄심리 해부노트

왜 어떤 성격장애는 범죄로 이어졌는가
이수정·이은진의 범죄심리 해부노트

1판 1쇄 발행 2021. 6. 9.
1판 4쇄 발행 2024. 9. 26.

지은이 이수정 · 이은진

발행인 박강휘
편집 길은수 디자인 지은혜 마케팅 김새로미 홍보 반재서
발행처 김영사

등록 1979년 5월 17일 (제406-2003-036호)
주소 경기도 파주시 문발로 197(문발동) 우편번호 10881
전화 마케팅부 031)955-3100, 편집부 031)955-3200 | 팩스 031)955-3111

저작권자 © 이수정·이은진, 2021
이 책은 저작권법에 의해 보호를 받는 저작물이므로
저자와 출판사의 허락 없이 내용의 일부를 인용하거나 발췌하는 것을 금합니다.

값은 뒤표지에 있습니다.
ISBN 978-89-349-8691-1 03180

홈페이지 www.gimmyoung.com   블로그 blog.naver.com/gybook
인스타그램 instagram.com/gimmyoung   이메일 bestbook@gimmyoung.com

좋은 독자가 좋은 책을 만듭니다.
김영사는 독자 여러분의 의견에 항상 귀 기울이고 있습니다.

왜 어떤 성격장애는 범죄로 이어졌는가

이수정·이은진의
범죄심리 해부노트

이수정·이은진 지음

김영사

성격장애와
범죄

    범죄자를 면담하다보면 '이 사람이 과연 가해자인가, 피해자인가' 하고 헷갈릴 때가 있다. 대부분이 열악한 성장 배경과 반복되는 불운 그리고 난 결과물로서 벌어지는 범죄 사건이 공통적이기 때문이다. 특히 면담 과정에서 이들은 자기방어적이어서 자신의 잘못을 거짓으로 숨기려 하고 연민을 일으킬 수 있는 부분은 확대 포장한다. '입에서 나오는 말은 무엇이든 믿지 마라'라고 조언하던 교도관의 권고대로 범죄자를 대면하여 대화를 나눌 때 중심을 잡으려고 안간힘을 쓴다. 이제는 이 바닥 생활도 20년이 넘어서 어떤 감언이설이 전형적인지를 구별한다. 사람에 대한 기본적 신뢰감은 무너졌고 직업병으로 의심병을 얻었다. 이 책은 사회심리학 분야 학자로서 어떻게든 그들을 이해해보려는 시도로 집필했다. 나아가 범죄심리학의 관점에서 보면 근본적인 문제 해결을 위해 법과 제도의 변화가 뒷받침되어야 하고, 이 같은 변화에는 국민의 관심이 필요하다. 독자들도 이를 염두에 두고 읽어주었으면 하는 바람으로 책을 썼다.

이 책의 주제는 성격장애이다. 특히 범죄와 관련된 사례를 살펴보았다. 성격장애는 성격적 어려움이 사회적·직업적 역할을 손상시킬 정도로 광범위하게 나타나는 것을 지칭한다. 그러나 성격장애가 있더라도 감정적·지적·지각적 기능을 수행할 수 없는 것은 아니기 때문에 엄밀히 말해서 약물이 없으면 안 되는 조현병과 같은 질병은 아니다. 그렇다 보니 성격장애를 지닌 사람 대부분은 가족이나 친지에 의해서는 성격적 어려움이 감지될 수 있겠으나, 본인 스스로 치료가 필요하다고 인지하지 못한다. 즉 병식病識이 없다.

여러 성격장애 중 강제적 개입이 일어날 가능성이 가장 큰 것은 바로 반사회성 성격장애이다. 반사회성 성격장애는 주로 공동체의 질서를 어기고 타인의 권리를 침해하는 행위를 습관적으로 계속하는 특징이 있기에 형사사법기관의 개입 가능성이 높은 성격장애이다. 장기적 안목이 부족하여 당장의 이익이나 쾌락만을 추구하기에 준법성의 한계를 넘어선다. 타인에 대한 이해심이 없으며 자기주장만을 중시하기에 직업을 안정적으로 유지하기는 더욱 어렵다.

성격적 어려움이 왜 발생하는지 학계에서도 그 원인에 대해서는 아직 명확한 결론을 내지 못했다. 다만 성격적 어려움은 유전적 요인과 관련이 깊을 것이라 추정한다. 반사회성 성격장애의 하위 유형인 사이코패스의 경우 전전두엽과 변연계의 기능을 포함한 신경계의 활성화 수준에 있어 아주 어릴 때부터 일반인과 다른 유의미한 차이를 보인다는 사실이 최근 확인되었다.

성격장애 발생의 가장 중요한 원인은 무엇보다도 부모와의 애착관계이다. 인간은 출생한 지 3~4개월 되었을 때부터 자신을 돌보는 사람에게 반응한다. 미소를 보이거나 옹알이를 하며 양육자를 따라 시선을 움직이고, 배고프거나 불안감이 들면 보호받기 위해 자신에게 주의를 집중시킨다. 영국 심리학자 존 볼비 John Bowlby 는 주 양육자와의 애착

관계가 유아의 생존 여부, 나아가 성격 형성에 매우 중요하다고 주장했다. 어릴 때 안정적 애착관계를 형성하지 못하면 지나치게 불안해하는 성격이 되거나, 사랑과 동정심이 부족하고 반항심이 많은 성격을 갖고 성장한다고 보았다.

성격장애 중에서도 유전적 요인이 가장 많은 영향을 끼치는 것은 조현성 성격장애와 조현형 성격장애이다. 이 같은 성격적 어려움을 지닌 사람의 가족력을 살펴보면 친족 중 비슷한 어려움을 겪은 사례가 많다. 선천적으로 취약한데 양육의 질까지 나쁘면 청소년기부터 성격적 어려움의 정도가 심화된다. 최근 문제가 되는 은둔형 외톨이나 게임 중독자의 행태는 이런 증상이 외현화된 문제 행동일 수 있다. 친사회적 상호작용의 부재로 인해 정신적으로 무규범 상태에 놓이며 이런 공백을 인터넷에 있는 일탈적 자극으로 메운다. 결국 인성 형성 과정이 정상적이지 못하게 되는 것이다. 간혹 발생하는 은둔형 외톨이에 의한 범죄는 환경 영향으로 만들어진 내재적 심성 문제와 사회화 과정의 결핍으로 인해 발발한다. 물론, 후천적으로 개선의 여지가 없진 않지만 성격이라는 것이 워낙 어릴 때부터 성인기 초기에 이르기까지 서서히 형성되기에, 쉽게 변화할 수 있다고 확언하기 어렵다.

이 책은 총 3부로 나뉘어져 있다. 이는 성격장애에 대한 정신질환 진단 및 통계 편람DSM-5: Diagnostic and Statistical Manual of Mental Disorders을 따르는 것으로, A군 성격장애, B군 성격장애, C군 성격장애를 기준으로 각 부를 구성했다. A군 성격장애는 사회적으로 고립되어 있으며 기이한 생활을 하는 성격을 지칭하며 1장부터 3장까지의 사례에 해당한다. 이 중 피해망상이나 과대망상을 지닌 편집성 성격장애를 지닌 사람이 범죄를 저지르는 경우는 상대적으로 많은 데 비해 조현성 성격장애나 조현형 성격장애를 지닌 사람이 범죄를 저지르는 사례는 매우 드물다. 그렇다보니 이 책에서 다룬 사례는 희귀한 경우이며 평균적 사고방식으로 이해하기 어려운 부분이 많다. B군 성격장애는 정서적으로 극단적 경험을 하는 특징이 있어 정서가 심하게 불안정하거나 무감동증처럼 정서를 느끼지 못하는 모습을 보인다. 4장부터 7장까지가 이에 대한 내용이다. 마지막 3부는 C군 성격장애에 관한 내용으로, 가장 큰 특징은 타인에 대한 과도한 불안감과 두려움이다. 가해자보다는 일반적으로 피해자에게서 많이 보이는 모습이다.

집필 초기에는 사례를 삼인칭 시점으로 통일하여 정리하고자 했다. 그러나 각각의 사례들마다 인물의 성격적인 특징이나 내면의 역동이 다르고, 이를 효과적으로 나타내는 데 적합한 방식을 찾다보니 다양한 시점을 도입하게 되었다. 특히 피해자나 가해자의 일인칭 시점으로 사례를 쓴 경우, 내면의 역동을 간접적으로 설명하기보다 화자의 입장으로 서술하여 독자가 그 감정이나 생각을 따라가기 더 용이하게 하였다. 그리고 책에서 다룬 사례는 실제 사건을 일부 참고하였을 뿐 구체적인 인명, 지명, 특정인의 직업 등을 모두 가공했음을 미리 밝힌다.

20년간 범죄자를 만나면서 이들의 정체가 대체 무엇인지 늘 고민했다. 그중 가장 극단적 사례만을 엮어서 이 책을 구성했기에 일상을 평범하게 살아내는 분들의 사례를 다루지 못했다. 따라서 성격장애를 지닌 독자라면 이 책을 읽고 '혹시 나도 저런 극단적 경우가 되지 않을까?' 하고 염려하실 필요는 없다. 확실하게 이야기할 수 있는 지점은 바로 그런 걱정 자체가 아직은 합리적 사고의 테두리 안에 있다는 점이다. 부디 책 내용이 독자들에게 불필요한 걱정을 유발하지 않기를 기원하며, 심지어 필자 역시도 스스로 강박적 성격인지 늘 의심하면서 산다는 점을 밝혀둔다.

한 개인이 완성된 인격을 갖는 일은 절대로 쉽지도, 당연하지도 않다. 특히 흉악범죄를 일으킨 사람의 과거력을 추적하다보면 첫 단추가 언제, 왜 잘못 끼워졌는지 발견하곤 한다. 물론 이런 발견으로 이들의 잘못을 면책하자는 의미가 아니다. 다만, 보다 근본적 원인을 파악하면 그에 대한 대안 역시 찾아낼 수 있다는, 그야말로 학자적 관점에서 각 장을 구성했다. 이 책을 단순히 범죄자를 변호하기 위한 서사가 아닌, 미래의 안전을 담보하기 위한 연구자의 노력으로 여겨준다면 감사할 따름이다. 부디 오늘 하루도 모두에게 아름다운 날이 되길 기원해본다. 끝으로 이 책이 출판되기까지 2년간 믿고 기다려준 김영사 고세규 대표와 길은수 편집자에게 감사를 표한다.

경기대학교
이수정 교수

차례

Ⅲ
의존적이고 회피적인
C군 성격장애

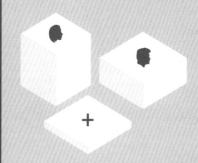

편집성 성격장애
타인을 믿지 않고 의심한다.

조현성 성격장애
사회적 관계가 단절되어 있고 제한된 정서 표현을 한다.

조현형 성격장애
가까운 관계를 수용하지 못하고 왜곡된 인식을 가지고 별난 행동을 한다.

I

사회적으로 고립되어 있고 특이한 언행을 보이는 A군 성격장애

편집성 성격장애Paranoid Personality Disorder의 주요 특징은 타인에 대한 과도한 의심과 불신이다. 외부 자극에 지나치게 민감하여 감정이 쉽게 상하고, 자신의 감정과 생각이 사실이라고 믿으며 이를 입증할 단서를 찾기위해 분주히 탐색하는 행동 특성을 보인다. 반대되는 증거는 무시하는 식이다.

특히 자신이 느끼는 두려움을 타인에게 투사하여 불신하고 의심한다. 적절한 단서나 증거 없이 타인이 자신을 속이고 이용하려 든다고 의심하며 자신에 대한 음모를 꾸민다고 악의적으로 생각하기도 한다. 타인의 언행에서 숨겨진 의도를 찾으려 노력하고 비판으로 자기 기분을 상하게 한 사람에게 앙심을 품기도 한다. 다만 망상장애*가 있는 사람과 달리 고착된 망상은 없기에 음모와 관련한 비현실적 사고장애는 적은 편이다.

자신이 받는 대우가 부당하다고 생각하면서 억울함과 원한 등을 느끼고 분

1

타인을 믿지 않고
의심하는
편집성 성격장애

노 조절 문제를 보이기도 한다. 그렇다보니 관계에서 문제가 쉽게 발생하여 좋은 관계를 만들거나 유지하는 데 어려움을 겪는다. 타인을 의심하고 비난하는 태도로 인해, 주변 사람이 적대적으로 반응하는 과정에서 편집성 성격장애의 특징인 불안감만 확인하고 강화하는 결과를 낳는다. 잠재적 위협 단서에 극도로 민감하여 과도하게 조심하고 회피한다. 이런 모습 때문에 냉정하고 경직되어 보이기도 한다.

- 현실과 달리 왜곡된 해석으로 망상에 가까운 신념이 자리 잡은 정신질환. 세부 유형으로는 자신의 애인이나 배우자가 성적으로 부정하다고 망상하는 '질투형 망상장애'와 자신이나 가까운 사람이 악의적 대우를 받는다고 망상하는 '피해형 망상장애'가 있다.

P 씨는 헤어진 애인 B 씨의 집 앞에서 서성이다 출근하기 위해 현관문 밖으로 나온 B 씨의 아버지에게 흉기를 휘둘렀다. B 씨의 아버지는 목 부위를 한 차례 찔려 병원으로 옮겨졌으나 치료 도중 숨졌다. P 씨는 B 씨와 사건 직전까지 한 달 정도 사귀다가 헤어진 것으로 알려졌다.*

이 사례는 가해자 P 씨의 일인칭 시점으로 서술했다. 편집성 성격장애를 지닌 사람의 시선을 따라가보면 상황이 편향되고 왜곡되는 과정을 살필 수 있다.

P 씨에 대하여

믿을 수 없는 사람, 갈등을 일으키는 사람으로 가득 찬 이 세상에서 나름대로 열심히 살려고 애써왔다. 할 수 있는 일을 미루지

• 해당 사례는 실제 사건과 일부 비슷한 부분이 있으나 인명, 지명, 직업 등 구체적 내용을 모두 가공했음을 밝힙니다.

않고 착실하게 했고 그 과정에서 사람들에게 이용당하지 않으려 항상 주변을 경계했다. 곁에 친구들이 있었지만 그들에게 내 모든 것을 보여주지는 않았다. 나를 늘 통제하고 비난하며 싸늘하게 대하던 나의 부모라는 이들처럼 나의 어두운 부분을 본 사람은 나를 욕하고 무시할 것이기 때문이다.

학교를 다닐 때도 친구들에게 나의 어린 시절이나 부모에 대한 이야기를 할 수 없었다. 부모가 양육이라는 이름으로 나에게 자행한 많은 것을 무어라 표현할 수 있을까? 내 의지대로 할 수 있는 것이 없었다. 모든 것에 정해진 규칙이 있었다. 밥을 먹는 시간과 먹는 양, 먹는 방식……. 이제 와서 생각하면, 집안 분위기가 항상 공포스러웠다. 편안해야 할 식사시간조차도 무언가에 쫓기는 것 같았고 차려진 것을 전부 먹어야 했다. 전혀 즐겁지 않고 고통스럽게 느껴졌다.

추운 겨울날, 나와 동생은 옷이 다 벗겨진 채로 집 밖에 쫓겨난 적이 있다. 무엇을 잘못해 그렇게 되었는지는 기억나지 않는다. 화가 난 어머니는 나와 동생에게 나가라고 소리를 질렀고 "덜커덩" 하고 현관문이 잠기는 소리가 나면서 우리는 마당으로 내쳐졌다. 옆집에 같은 반 여자 친구가 살았다. 나와 동생이 벌거벗은 채로 현관문 앞에서 울고불고 애원하는 모습을 그 친구는 봤을 거다. 온 동네 사람이 우리를 보고 불쌍하게 여겼을 거다. 날은 추웠고 나는 아홉 살, 내 동생은 고작 여섯 살이었다. 지금도 그날을 떠올리면 온몸이 쪼그라드는 듯하다. 내 몸은 차가운 바람에 식어갔고, 내 심장은 베인 듯 쓰라린 고통을 느꼈다. 세상에서 아무도 믿을 수 없기에 내가 조심해야 한다. 한눈을 팔면 온전할 수 없다. 경계하고 또 경계하면서 나 자신을 지키겠다고 다짐했다.

나의 부모는 나에게 가학적 행동을 하고, 모욕적 말을 하고 모든 것을 통제했다. 잔인한 처벌을 부모라는 이름 아래 합리적이고 타당한 훈육의 일부로 정당화했다. 그들은 자식을 위해서 힘들게 가르침을 행한다고 생각했을 것이다. 자신들의 삶이 힘겨워서 그랬을까, 나를 향한 미움과 적대감도 느껴졌다. 분명히 부모는 나를 미워했다. 미움이 아니라면 내가 부모로부터 느낀 적대감을 설명할 길이 없다.

아버지는 폭력을 일삼는 한심한 사내였다. 지금은 한없이 초라한 모습이지만 어린 시절 나와 가족들에게 그는 무자비한 폭군이었다. 남들에게는 큰소리 한번 못 내면서 집에서는 이유 없이 화내고 물건을 던지고 우리를 때렸다. 피하는 방법을 알기 전까지 소나기처럼 내리는 아버지의 악다구니를 그대로 받아냈다. 무서운 사람 그리고 한없이 초라한 또 한 사람. 폭력적인 아버지에게서 우리를 지켜주지 못한 어머니라는 여자는 가출을 반복했다. 중학생이 된 나는 어머니가 집에 있든 없든 상관하지 않았다. 내가 나를 지켜야 했고 믿을 수 있는 사람은 아무도 없었기 때문이다. 어머니는 언제 떠날지 모르는, 가까이하고 싶지 않은 사람이었다. 싸늘한 그 얼굴은 지금 떠올려도 나를 움츠리게 한다. 믿을 수 없는 사람.

부모라는 이들의 싸움은 나를 지치게 했고 나는 나 자신밖에 믿을 수 없다고 생각하게 되었다. 나를 낳고 기른 부모조차 믿을 수 없는데 누구를 믿겠는가. 조심하지 않으면 또다시 난 이용당하고 고통스러운 분노 속에서 힘들어질 것이다.

내가 B를 만난 곳은 고등학교 친구의 결혼식 피로연에서였다. 그리 친한 사이는 아니었지만 사회생활을 하면서도 연락하고 지내던 동창이었다. 결혼식을 마치고 신부 친구들과 함께한 자리에서 그녀를 처음 만났다. 관심사도 비슷하고 내 이야기도 잘 들어주던 그녀가 나를 좋아한다고 믿었다. 짝사랑과 배신으로 이어지던 내 사랑의 역사를 B가 바꿀 수 있다고 생각했다.

나만의 착각이었을까? 그녀가 친구들과 찍었다는 사진에서 남성들 모습을 보기 전까지 그녀를 믿었다. 그녀는 내 어머니와 달리 포근하고 나만을 바라보는 여인이어야 했다. 하지만 우려한 대로 그녀가 내 믿음을 저버렸다. 참을 수 없는 배신감에 그녀의 행실을 비난하자 그녀는 나와의 만남을 점점 피했다.

언젠가부터 그녀는 내가 모르는 친구들과 자주 만나더니, 그날엔 연락조차 잘되지 않았다. 내게는 여성 동료들과의 모임이라고 거짓말하고선 남성들과 어울린 것이다. 우연히 같은 장소에서 오랜만에 고등학교 동창들을 만났다고 나중에 실토했지만 그런 우연이 진짜일 리가 없다. 지금까지 그녀와 연락이 닿지 않던 순간에 나는 계속 속고 있었던 것이다. 이 느낌……. 익숙하지만 고통스럽고 차가우면서 비참한 이 기분…….

나의 의심은 합당했고 그녀에게 답을 듣길 원했다. 결백하다면 증거를 댈 수 있어야 한다. 하긴, 이미 모든 것을 자기에게 유리하게 꾸며놓았을지도 모른다. 그녀의 친구들 얘기도 믿을 수가 없다. 나를 쳐다보던 눈빛으로 미루어볼 때, 그날 그 자리에 함께 있었다는 친구들이 날 무시하는 걸 알 수 있다. 그녀가 나를 아주

한심한 놈으로 만들어버렸다. 나를 데리고 다니면서 이용하고 한 달도 안 되어서 귀찮다며 헤어지자고 한다. 용서할 수 없다. 한 달 동안 자기를 위해 얼마나 많은 시간과 노력을 쏟아부었는지 생각도 하지 않고 나를 무시한다. 어제는 집 앞으로 찾아간 나를 벌레 보듯하며 멀리했다.

오늘은 도저히 잠을 잘 수 없을 것 같다. 새벽이 되면 그녀의 집 앞에 다시 가봐야겠다. 이 끓어오르는 분노는 나를 무시하고 괴롭힌 그녀 때문이다. 비참하게 빌고 있는 나를 거들떠보지 않던 순간의 싸늘한 눈빛을 잊을 수가 없다. 그때 느낀 모멸감을 떠올리면 치가 떨린다. 휴대전화 너머로 들려온 그녀의 가족들이 나를 욕하는 소리도 참을 수가 없다. 내가 왜 그들에게 비난받고 공격받아야 하는가? 내가 그들에게 무엇을 잘못했나? 그녀에게 애정을 쏟은 내게 돌아온 것은 비난과 경멸 그리고 무시였다. 이제 와서 생각해보니 나를 따뜻하게 대하는 듯하던 그녀 가족들의 언사는 다 거짓이었다. 그녀와 그녀의 가족들이 나를 화나게 만들었다. 전부 그들이 자초한 일이다.

다음 날 나는 그녀의 집 앞에 찾아갔다. 이른 새벽부터 기다렸지만 그녀는 나타나지 않았다. 그러다 그녀의 아버지가 출근하기 위해 현관문 밖으로 나오는 모습을 보았다. 나를 더 이상 무시할 수 없도록 일격을 가했다. 큰 소리가 나자 놀라며 뛰어나온 그녀의 가족들이 나를 잡으려 했다. 아직도 그녀는 보이지 않았다. 어디선가 숨어서 나를 보며 후회하고 있을 것이다. 내가 얼마나 무서운 사람인지, 이제야 알았겠지. 나를 무시하면 안 되는 일이다. 날 무시하고 모욕하지 말아야 한다고 이제야 알았을 것이다.

범죄심리 프로파일링

위 사례는 편집성 성격장애로 추정되는 인물의 범행 과정을 추론하여 기술한 것이다. P 씨는 타인을 향한 불신과 의심을 지속적으로 드러내고 이로 인해 주변 사람을 괴롭게 만드는 행동 패턴을 보인다. 애인이 외도한 증거가 확실하지 않은데도 의심을 거두지 않았다. 타인을 기본적으로 신뢰하지 않으며 주변 사람에게서 의심을 거두지 않는다. 의심을 정당화할 근거를 찾으려 하고, 이와 부합하지 않는 이야기는 받아들이지 않는다. 또한 의심의 고리를 계속해서 만들어나간다. 사례에서처럼 애인을 줄곧 의심하다가 자신의 전화 연락을 받지 않은 일을 계기로 의심이 증폭된다. 끊임없이 만드는 의심의 연결 고리로 인해 부정적 생각과 판단이 확고하게 자리 잡는다.

자신을 엄격하게 통제하는 특징도 있다. 세상에 믿을 수 있는 사람이 자신 외에 아무도 없다고 생각하기 때문이다. P 씨는 부모조차 신뢰하지 못했다. 언젠가 자기가 한 말이 불리하게 악용되어 자신에게 공격으로 되돌아올 수 있다고 생각했다. 그러니 마음을 털어놓을 친구가 하나도 없었다. 결국 통제 욕구 때문에 관계가 피상적 수준에서 그친다. 자신을 공격하거나 비난할 수 있는 사람에게서 담을 쌓아 분리된 채 지내고자 한다. 가족, 애인 그리고 친구의 조언도 큰 의미가 없다. 다른 의도가 있다고 여기며 거부반응을 보이기 때문이다. P 씨는 누구도 믿을 수 없기에 자신의 생각이나 정보를 공유하지 않는다. 상황을 객관적으로 보려는 능력이 결여되어 있다.

가장 위험한 점은 타인을 향한 원한이나 분노는 해결하기 쉽지 않아 오래 간다는 점이다. 배우자가 외도하거나 애인이 헤어지자고 요구하면 모욕을 느껴 지속적으로 욕하고 비난한다. 이는 상습적 스토커에게도 유사하게 나타나는 특징이다. 실제 스토킹, 데이트폭력 사건을 보면 가해자가 편집성 성격장애를 지닌 경우가 다수이다. 결혼 기간이나 연애 기간이 길어 상대방의 지인들과 교류가 있었어도 예외는 없다. 도움을 주려고 다가오는 사람도 자신을 비난하거나 공격한다고 여기기 때문에 화를 내면서 극단적으로 반응한다. 그리고 애인의 전화기에 잘못 온 전화나 문자를 확인하고는 외도 상대가 있다고 전제하며 추궁하는 등 지속적으로 의심한다.

편집성 성격장애를 지닌 사람에게서 공통으로 나타나는 인지적 특징은 다음과 같다. 모든 문제를 남 탓으로 돌리고, 타인의 행동 동기를 추측한 다음 이를 지나치게 확신하며, 다른 관점에서 보지 못한다. 인지행동주의Cognitive-behaviorism*심리학에서는 편집성 성격이 나타내는 기제를 '인지적 개념화Cognitive Conceptulization'로 설명한다. 사

---

* 정신분석학 이후, 새로운 이론으로 등장한 행동주의와 인지주의가 결합된 심리학 이론이다. 인지, 정서와 행동이 연결되어 있으며, 인지가 중요한 역할을 하여 인지적 변화를 통해 개인의 정서와 행동의 변화를 가져올 수 있다고 보는 접근법이다.

소한 일을 확대해석하고, 그 과정에서 스스로 만들어낸 위협에 대응하고자 논쟁이나 소송까지도 불사한다. P 씨는 애인이 문제 행동을 한다고 확신하며 자신의 의심이 합당하다고 확신한다. 그녀가 어떤 대답을 해도 사실이 아닌, 꾸며낸 것으로 생각하기에 다른 말과 행동은 의미가 없다.

타인에 대한 부정적 생각을 확증하고자 애쓰고 맥락과 상황은 무시한 채 매사 의미와 동기를 읽어내고자 한다. 긴장을 늦출 수 없고 끊임없이 자신을 괴롭히는 외부 세계를 경계해야 한다고 생각한다. P 씨는 수사 과정에서 자신을 한심하게 처다보는 눈빛, 벌레 보듯 하는 눈빛, 싸늘한 눈빛으로 인해 비난받고 상처입었다고 항변했다.

부부나 연인 사이의 불신은 대체로 소소한 것에서 시작한다. 그리고 그 불씨는 아주 오랜 기간 꺼지지 않고 관계 속에 머문다. 오래 유지되어 익숙해질 듯하면서도 익숙해질 수 없는 불편함으로 가족들 사이에 상처가 생긴다. 불화의 불씨를 유지시키는 것은 의심과 분노이다. 특히 P 씨와 같은 편집성 성격장애 특성을 지닌 가족 구성원이 있다면 관계를 원만하게 유지하기란 쉽지 않다.

정신분석 이론가들은 투사projection를 주된 방어기제[•]로 사용하는 데서 편집성 성격장애의 발생 원인을 찾는다. 자기 고통의 근원이 외부에 있다고 생각하고 극도의 경계심으로 자신을 해할 수 있는 상대방과 그 주변을 감시한다. 망상에 가까운 질투심을 드러내기도 하고 자신이 지닌 불륜에 대한 욕구나 환상을 애인에게 투사한다.

　　정신의학자, 상담가 등 임상가나 연구자들은 발달적 측면에서 편집성 성격장애가 가학적이고 냉담한 부모의 훈육에서 기인한다고 설명한다. 어린 시절, 부정적 양육 환경에 놓이면 불안정한 애착으로 인해 건강하고 풍부한 정서를 형성하기 어렵다. P 씨의 경우 가학적, 모욕적, 통제적인 양육 환경에서 부모의 잔인한 처벌이 정당화되었을 것이다. 영아기부터 아기를 '작은 어른'으로 인식하여 매섭게 훈육하는 식이다. P 씨의 아버지는 폭력적이었고, 어머니는 아들과 자신조차 지키지 못할 정도로 나약했다. 어머니

• 자신이 받아들이기 어려운 느낌, 생각, 충동 등을 무의식적으로 타인의 탓으로 돌림으로써 자신을 보호하는 방식. 예를 들어 자신이 화난 상태를 인지하지 못하고 오히려 상대가 자신에게 화를 낸다고 여기는 식이다.

의 가출이 반복되었고, P 씨는 이를 이해하지 못하며 의지할 존재를 찾지 못했다. 이렇게 혼란스럽고 가학적 양육 환경에서 자신만이 판단의 유일한 주체라고 생각하게 되었다. 타인에 대한 분노와 불신을 내재화했으며 믿었던 연인의 거부로 인해 불신이 정점에 이르러 공격적 행동으로 폭발했다.

조현성 성격장애Schizoid Personality Disorder의 주요 특징은 수줍음, 과한 예민성, 은둔, 친밀하거나 경쟁적 관계의 회피, 기행이다. 대인관계에 관심이 적고, 외부 세계와 떨어져 혼자만의 삶을 지향하고, 비밀스럽고, 정서적으로 차갑고 무관심한 특징을 보인다. 상호작용 능력이 부족하기 때문에 관계 형성에 어려움이 있다. 다만, 관계 자체를 전면 거부하진 않아 관계를 형성하지만 상대방이 정서적 친밀감을 요구하는 경우에 매우 힘들어하고 이를 거부할 가능성이 크다. 일정한 거리가 유지되는 관계를 만족스러워한다.

자폐적 사고를 하지만 현실검증 능력은 유지하여 일상생활을 무리 없이 해나가는 듯 보인다. 그러나 백일몽day-dreaming*을 수면 중이 아닌, 깨어 있는 동안 경험하며 이를 이야기한다. 일상에서 자연스럽게 느끼는 적대감

2

사회적 관계가 단절된
조현성 성격장애

및 공격성 등을 표현하지 못하며, 고통스러운 경험이나 갈등을 경험하면
거리를 두는 분리 반응detachment을 보인다. 그리고 자신만의 내적 세계에
머물려는 경우가 많다.

분노나 기쁨 같은 강렬한 감정을 느끼는 경우가 드물고, 느낀다 하더라도
타인 앞에서 표현하는 것을 매우 힘들어하며 잘하지 않는다.

• 희망이나 야망 등 행복하고 즐거운 내용을 공상하며 부분적으로 환시를 겪기도 한
  다. 이 밖에도 수많은 종류의 백일몽이 있으며 가벼운 해리 증상과 비슷하게 나타
  난다는 공통점이 있다.

C 씨는 자신이 일하던 모텔에서 반말하며 시비를 걸고 숙박비를 지불하지 않는 투숙객을 둔기로 때려 살해한 뒤 흉기로 시신을 훼손했다. 범행을 저지른 뒤에 자전거로 이동하며 훼손한 사체를 수차례에 걸쳐 강에 버렸다.[*]

이 사례는 가해자 C 씨의 일인칭 시점으로 서술했다. 일반인의 눈에 기행으로 보일 수 있는, 조현성 성격장애를 지닌 사람의 행동 패턴을 따라가봄으로써 C 씨가 이해할 수 없는 행동을 죄책감 없이 반복하며 살인에 이르는 과정을 살필 수 있다.

C 씨에 대하여

어린 시절, 나는 혼자만의 세상에서 살았다. 누구도 나에게 관

---

[*] 해당 사례는 실제 사건과 일부 비슷한 부분이 있으나 인명, 지명, 직업 등 구체적 내용을 모두 가공했음을 밝힙니다.

심을 주지 않았다. 나 또한 남들의 관심이나 칭찬을 기대하지 않았다. 아버지는 자신만의 세상에 있는 듯했고, 어머니는 나를 먹이고 입혔지만, 나는 보살핌을 받는다고 느끼지 못했다. 자식을 제대로 보살피지도 않고 관심을 보이지도 않았다. 그저 최소한의 의식주만 해결해주며 나를 방치했다. 그들은 나를 사회에서 정상적으로 기능하도록 가르쳤다고 생각할지도 모르겠다. 하지만 나는 섬 같은 부모 사이에서 또 다른 섬처럼 외로이 컸다. 대화도 없었다. 사실 어린 시절 모습이 잘 기억나지 않는다. 기억하고 싶은 것이 없는지도 모른다. 다만, 안전한 장소가 필요했다. 나를 지키고 싶은 마음에, 상상 속 나만의 세상을 만들어 그 안에서 머물렀다.

학교에서도 나는 혼자였다. 친구나 선생님과 가까워지려면 무엇을 어떻게 해야 하나 알 수 없었다. 누군가와 함께 있고 싶었지만 막상 함께 있으면 불편했다. 어찌할 바를 몰랐다. 어떻게 하면 친구를 만들 수 있는지 궁금했다. 때론 친구가 그리 필요하지 않다고도 생각했다. 한없이 가벼워 보이는 사소한 이야기를 하면서 웃기도 하고 화내기도 하는 아이들 사이에서 나는 그들의 대화를 이해할 수 없었다. 그런 내가 유별나고 이상하게 보일까 봐 자꾸 내

세상 안으로 숨었다. 난 그들을 점점 먼 곳에서 지켜만 보았다. 나만의 자리에 있을 때만 안전하다고 느꼈다.

　세상으로부터 나를 스스로 보호하지 않으면, 나쁜 놈은 언제든지 나를 무시하고 노리고 결국 내게 달려들 것이다. 나는 그냥 내 자리에만 있고 싶다. 허락 없이 내 영역에 침범하거나 나를 마음대로 판단하고 무시하고 건드리는 자를 가만두지 않고 응징하겠다는 생각으로 지냈다. 날 건드리지만 않으면 나도 그들에게 관심 두지 않을 것이다. '왕따' '은따' '인싸' '아싸'라는 단어들이 의미하는 바를 정확히는 모르지만, 내 모습이 낯선 외부인으로 비쳤을 수도 있다. 하지만 그들이 어떻게 보든 상관없다. 그들의 평범한 시각으로는 나를 제대로 볼 수 없을 테니까.

　성인이 되어 나는 나를 완성하고자 선원, 노점상, 게임 제작자 등 여러 임시직 일을 했고 그 시간과 경험 속에서 남들과 달라졌다. 어디서도 나를 제대로 대우해주지 않았지만 내 진짜 능력을 알면 두려울 것이다. 나 역시 혼자가 더 편하기 때문에 남들의 세상에 들어가고 싶지 않았다. 그러니 남들이 나를 거부하는 것이 아니고 내가 남들과 거리를 두는 것이다.

　지난해부터 모텔에서 일을 하게 되었다. 모텔에서 일하지만 호텔리어와 다름없다. 이곳보다 더 큰 호텔에서 일할 수 있지만 더 큰 곳에서 일하면 더 많은 사람과 접촉해야 하기에 원치 않는다. 어디서든 호텔리어 역할을 하면 되고, 지금 이 모텔이 나의 고유한 영역이다. 안내실 안에서 방해받지 않고 온라인 카페를 운영하는 등 언제든지 내 일도 병행할 수 있어 이곳에서 일하길 잘했다고 생각한다. 그날, 그 이상한 놈이 내 영역을 침범해 날 건드리지만 않았어도 성실하게 일을 잘 해나갔을 것이다.

모텔에서 일을 하다보면 별별 인간 군상을 다 만난다. 아무것도 아닌 것들이 사람을 겁주고 행패를 부리면 참을 수가 없다. 지난달엔 조직폭력배가 방값이 비싸다며 트집을 잡고 협박했다. 방값을 내지 않으려고 진상을 떤 것이다. 세상에 필요 없는 놈……. 그 속을 알기에 나도 가만있지 않았다. 내가 숨겨둔 칼을 슬쩍 보여주자 그놈은 꼬리를 내리고 꼼짝 못 했다. 진상에게는 본인이 진상이라는 사실을 알려줘야 한다. 나쁜 놈에겐 똑같이 나쁘게 대해야 정신을 차린다. 사람을 무시하고 괴롭히는 진상을 반드시 척결해야 한다. 내가 그럴 수 있음을 세상에 보여야 한다. 나는 할 수 있다. 어디에나 있는 진상들에게 당하고 살 이유가 없다. 때가 오면 제대로 응징할 것이다. 나의 경험을 〈갑질 유형별 대처〉

라는 글로 정리해서 인터넷에 올리기도 했다.

사이버 공간에서 나는 제대로 인정받는다. 내가 인터넷에 쓴 글을 사람들이 좋아한다. 세상에서 나는 제대로 대우받지 못했지만 인터넷에서 나는 힘든 사람들에게 노하우를 나누고 조언해주며 그들 위에 선다. 인터넷에선 내 능력을 모두 다 펼칠 수 있다. 내가 누구인지 드러내지 않아도 나를 숭배하는 이들과 소통할 수 있다. 특히 사주와 관상에 대한 글을 올리고 온라인 카페를 관리하면서 나를 따르는 이들이 생겼고 그들과 오프라인에서 만나기도 했다. 그때 찍은 사진을 보면 가슴이 먹먹하다. 나를 따르는 사람이 많지는 않아도 내가 하는 일이 영향력이 있다는 것만은 확실하다.

그날, 그놈은 처음부터 날 무시했다. 아무것도 아닌 놈이 내게 반말로 시비를 걸어왔다. 며칠을 자고도 숙박비를 내지 않으려 한 놈이다. 모텔비 낼 돈도 없는 놈이 나를 겁주고 무시하다니. 지금까지 충분히 참았다. 이런 놈들은 지금까지 다른 사람들을 무시하고 괴롭히며 살았을 것이다. 법이 하지 못하는 것을 내가 해야 하는 때가 왔다. 오늘이다. 한 방에 가게 해야겠다. 망치가 적절하다. 놈이 자고 있을 때 방에 들어가 망치로 한 방에 보낼 것이다.

이날은 언제부터인가 정해져 있었을지도 모른다.

계획대로 일을 쉽게 마무리했다. 나는 악을 처단했다. 그놈이 날 건드리지만 않았어도 이런 일은 없었을 거다. 이 모든 것을 그가 자초했다. 한동안 사체를 어떻게 처리할지 고민했다. 한 번에 다 가져다 버리고 싶었지만 신중하게 나누어 버리기로 했다. 어디에 버리면 좋을지 고민하다가 넓은 강을 떠올렸다. 사체가 강물 깊숙이 가라앉아 떠오르지 않도록 해야겠다.

강가로 가는 동안 나는 무엇을 싣고 페달을 밟는지 모를 만큼 마음이 편안했다. 준비한 검은 봉투에 사체 조각을 나누어 담아 버렸다. 밤이었고 보는 사람이 아무도 없었다. 반드시 해야 할 일을 했기 때문인지 아주 홀가분했다. 돌아와서 모텔 방을 치웠다. 아주 깨끗하게, 오물 한 점도 없이 정리했다. 마음이 편안해졌다. 모든 것이 끝났다. 예정되어 있던, 내가 해야 하는 일을 마침내 완수했다.

방송으로 사체 일부가 발견됐다는 소식이 전해졌다. 가슴이 뛴다. 곧 나머지 사체도 발견될 것이다. 나는 어떻게 해야 하는가. 거사를 치렀으니 당당하게 나서야 한다. 내 발로 경찰서에 가서 밝힐 것이다. 오늘 새벽에 경찰서에 출두한다. 왜 이런 일이 일어날 수밖에 없었는지를 알려야 한다. 사회가 처리하지 못한 부적격자를 내가 해결했다. 그리고 경고할 것이다. 다음 세상에서도 네놈이 그렇게 행동하면 다시 너를 처단하겠다고. 이 세상에서 무시당하고 억울해하던 사람들은 나를 지지할 것이다. 나를 보고 용기를 얻을 것이다. 악에 맞서 싸울 용기와 지혜를 얻을 것이다.

범죄심리 프로파일링

위 사례는 조현성 성격장애의 특징이 있는 사람이 저지른 엽기적 살인 사건을 참고하여 가해자의 일기 형식으로 정리한 글이다. 실제 구치소에서 수십 페이지 분량의 자필 일기를 쓰는 수감자도 있다. 범행동기와 과정을 상세히 적거나 사건의 원인을 피해자의 행동으로 돌리고 탓하는 내용을 적기도 한다. 자신이 살해한 사람에게 사과를 요구하는 표현을 서슴없이 하거나 자신이 가해자라는 인식이 전혀 없는 듯한 심경을 적기도 한다. 자신이 중죄인임을 인정하지만 사과와 반성은 다른 문제이며, 피해자로부터 사과를 받지 못했다는 억울함을 표현하는 수감자도 있다. 살해

된 피해자에게 사과를 받지 못했으므로 자신도 반성할 수 없으며 극형도 기꺼이 받겠다고 한다. 자신도 나쁘지만 아무리 생각해도 피해자가 나쁜 짓을 했기 때문에 죽였으며 반성하지 않는다고 한다. 법정에서도 궤변을 늘어놓으며 자신도 사람을 죽인 중죄인이지만 사과를 받지 못했으므로 반성할 수 없고 비난받을 입장은 아니라고 또다시 강변한다.

냉담해 보이고, 사생활을 잘 말하지 않고, 성性에 대해 관심이 없는 생활 방식을 보면 C 씨는 조현성 성격장애의 진단 기준에 부합한다. 평생 혼자 살면서 사회적 교류 없이 지내왔다는 사실은 내향적 집착과 사회참여 경험의 결핍이라는 진단 기준에 추가 자료가 된다. 조현성 성격장애 진단 기준(180~181쪽 참고) 1번 "가족 관계뿐만 아니라 다른 사회적 관계를 즐기지 않는다"는 가장 중요한 기준이다.

사랑이나 거부에 대한 강렬하고 고통스러운 감정을 경험함으로써 대인관계에서 물러나 스스로를 고립시키는 것이 병리의 핵심이다. 따라서 친근감을 바라는 것과 그것에 대한 두려움 사이 간극으로 인해 생긴 심적 동요가 자신의 욕구나 타인에게 미칠 영향을 두려워한다. 그림을 그리거나 글을 쓰는 예술 활동으로 심리적 안정을 찾기도 한다. 사람들과 직접 접촉하지 않고도 자신을 표현할 수 있기 때문이다.

조현성 성격장애는 다른 성격장애와 달리 임상적으로 검증된 사례가 거의 없다고 알려져 있다. 실제로도 임상 현장에서 드문 유형이다. 친밀한 관계를 지향하지 않는 상태에서 자발적으로 상담을 받기는 쉽지 않기 때문이다. 따라서 현실에서 조현성 성격장애를 지닌 사람이 병원이나 상담소에 오는 것은 입대를 면제받기 위함이나 가족, 지인의 권유 때문에 자의 반 타의 반으로 온 경우이다. 행동이나 관계에 대한 문제의식이 없기 때문에 도움이 필요하다고 생각하지도 않는다. C 씨도 자신이 정신적으로 어려움이 있다고 생각해본 적은 없다고 보고했다.

조현성 성격장애의 발생 원인은 부모의 거부, 방임으로 정리된다. 여기서 부모의 거부란 유아의 욕구 충족에 양육자가 부적절하게 대처했다는 뜻이다. 기본 욕구가 충족되지 않음으로써 유아가 애타고 극한 정서적 결핍 상황으로 몰려 두려움을 느낀다. 양육자가 유아의 욕구에 반응하지 않는 만성적 거부를 경험한 유아는 표면적으로는 순응하는 듯 보이나 활력을 잃은 상태에 이른다. 유아기에 부모에게 지속적으로 방임된 아이는 자신의 환상 속 세계로 들어가 머무른다.

C 씨의 유아기는 부모의 만성적 거절과 거부로 점철되었을 것이다. C 씨는 어린 시절에 대화도 없이, 그야말로 섬 같은 부모 사이에서 또 다른 섬처럼 외로이 컸다. 정서적 교류 없이 방치되고 학대당한 것으로 보인다. 가족뿐만 아니라 어디에서도 따뜻한 사회·정서적 상호작용을 경험하지 못한 것으로 보인다. 온라인 밖에선 사회적 관계를 맺지 않거나 피하고, 타인을 부모와 동일시하여 타인에게 아무것도 기대하지 않을 뿐 아니라 아무것도 줄 수 없었다. 기본적 사회화는 되었지만 전혀 사교적이지 않은, 조현성 성격장애의 모습을 엿볼 수 있다.

조현병이나 조현성 성격장애 내력이 있는 가정에서 조현성 성격장애를 지닌 사람으로 성장할 가능성이 크다. 가족 구성원 간에 애정 표현이 부족하고, 서로에게 무관심하

며, 양육 태만에 가까울 정도로 아이를 방임하는 환경에서
자란 경우 이런 대인관계 패턴을 학습하고 결국 성격장애
가 생긴다. C 씨는 기본적 생계유지를 위한 사회생활 정도
만 가능할 뿐, 적절한 소통 방식을 포함한 관계 유지 방법
을 학습하지 못한 채 성인이 된 것으로 추론된다.

범죄심리 해부노트

조현형 성격장애Schizotypal Personality Disorder의 주요 특징은 대인관계에서의 고립, 특이한 생각과 행동, 관습이나 전통에 맞지 않는 신념체계이다. 독특한 사고를 하거나 기이한 행동을 하는 사람이 간혹 존재한다. 외계의 존재를 믿는다거나 세상의 종말론에 심취하는 사람도 있다. 이런 초현실적 존재나 상황에 대한 가능성을 부인하지 않는 사람도 꽤 있다. 하지만 조현형 성격장애를 지닌 사람들은 그 믿음의 정도가 일반인의 그것보다 훨씬 강렬하다. 그렇다보니 조현형 성격장애는 흔히 조현병의 양성 증상positive symptoms과 비슷하면서 좀 다른, 일종의 변형으로 간주된다. 현상학적, 유

3

고립 속에
기이한 행동을 하는
조현형 성격장애

전적, 생물학적 측면에서 치료 가능성과, 치료에 대한 반응과 특징 등에서 조현형 성격장애와 조현병의 상관관계가 있다는 주장이 늘었다.

신경전달물질 중 도파민의 과잉 분비가 조현병의 발생 원인일 수 있음이 확인되었는데, 중추신경계의 도파민 역기능이 조현형 성격장애와 관련 있다고 확인되기도 했다. 주로 유전적 결함에 따른 것으로 여겨진 조현병과 조현형 성격장애가 유사하다는 관점도 있으나 조현형 성격장애를 일시적 임상 증후 정도로 간주하는 견해도 있다. 이 장에서는 조현병과 조현형의 성격장애를 구별하는 후자의 관점을 취하고자 한다.

L 양은 집에서 잠든 외할머니의 몸을 준비한 칼로 수차례 찔러 살해했다. 살해한 동기는 밝히기 어려웠다. 다만 피고인이 주장하는 살해 동기는 본인이 겪어온 현실적 어려움이 어머니로부터 시작되었고, 더 거슬러 올라가자면 외할머니로부터 유래했으니 그 원천을 제거해야만 자신의 고통이 끝날 것 같았다고 했다. 극단적 선택을 오랫동안 생각해온 L 양은 외할머니와 함께 삶을 끝내려 했었다.*

이 사례는 삼인칭 시점으로 서술했다. 인지적, 지각적 왜곡을 보여 조현형 성격장애로 추정되는 가해자 L 양의 정서나 사고 흐름을 이해하는 것이 어렵기 때문이다. 일반적 관습이나 규범과 거리가 있는 행동과 사고를 하는 L 양의 모습을 관찰자적 시점으로 정리하였다.

* 해당 사례는 실제 사건과 일부 비슷한 부분이 있으나 인명, 지명, 직업 등 구체적 내용을 모두 가공했음을 밝힙니다.

L 양에 대하여

'세상은 너무 피곤한 곳이야. 간섭이 너무 심해.' L 양은 오늘 아침에도 방에 불쑥 들어와 가방을 뒤지는 어머니를 이해할 수 없었다. L 양의 가방 안에 있던 묵직한 생리대를 꺼내며 어머니는 진저리쳤다. "이년아, 헌 생리대는 꼭 화장실 휴지통에 버리라고 했지!" 어머니의 몰이해에 L 양은 분개했으나 내색하지 않고 집을 나섰다. 사실 이런 일이 처음은 아니었다. 생리대뿐만 아니라 배설물을 가방에 모아두었다가 등교하는 일도 종종 있었다.

L 양에게 학창 시절은 지옥이나 다름없었다. 초등학교 4학년 때, 옆자리 남학생이 성추행한 기억은 이사를 가 생활하는 환경이 바뀌고, 시간이 흘러도 잊히지 않았다. 고등학생 때까지도 L 양은 친구라고 할 만한 존재가 없었다. 언제나 혼자 학교를 오갔다. 성적은 그렇게 나쁘지 않았다. 어릴 때부터 셈하기를 좋아했으니까. 정답이 분명한 수학은 그렇지 않은 언어 과목보다 쉬웠다.

어머니보다 학벌이 훨씬 좋은 아버지는 집안에서 신 같은 존재였다. 그는 L 양에게 앞으로 4차 산업이 뜰 거라면서 인문계 고등학교가 아닌 취업과 직결되는 특성화 고등학교로 진학하길 권유했다. L 양에게는 딱히 진로와 관련된 미래상이 없었다. '아빠는 언제나 옳다. 그러니 인문계고보다는 특성화고를 가면 더 좋겠지……. 잔소리만 심하고 세상 물정 모르는 엄마랑 달리 아빠는 언제나 옳았으니까……. 가끔 아빠가 엄마를 혼내실 때도 보면 세상 물정 모르는 엄마의 무식함이 문제였으니까…….'

어느 날, TV 뉴스에서 많은 성추행과 성폭력 사건이 고발되지 않고 묻히는 현실이 언급되었다. '나도 피해자였는데……. 엄만 그것도 모르잖아.' L 양은 초등학생 때 당한 성추행의 피해를 이야기한 적이 없었다. 다만 성추행 사건 이후 아버지를 제외한 남성은 모두 피했다.

고등학교 때부터 활동을 시작한 인터넷 카페에는 L 양과 비슷한 피해 경험을 이야기하는 피해자가 많았다. 남성들을 비판하는 그녀들은 L 양의 영웅이었다. 그녀들은 한국 사회의 저급한 성 인식과 차별적이고 그릇된 성 의식을 비판하고 있었다. 만일 L 양이 비판적 사고를 하는 성인이었다면 가해자를 척결하지 않는 우리 사회의 가부장 인식을 타개하기 위한 사회운동에 직·간접적으로 참여하였을지 모르지만 L 양의 생각은 이와 다른 방향으로 흘러갔다. 이런 이야기들을 접하면 접할수록 남성에 대한 막연한 공포심과 부정적 생각만 심화되었고 그들에게서 보호해주지도 두둔

해주지도 않았던 어머니에 대한 적개심이 더더욱 심해져 어머니와의 갈등이 심화되었다.

ㄴ 양은 IT 계열 전문대학에 진학한 뒤에도 여전히 혼자였다. 여학생이 겨우 세 명인 과에서 남학생들과 한 공간에 있는 것조차 불편해했으며 다른 두 여학생과도 어울리지 못했다. 하루 종일 땅만 내려다보는 생활은 대학에서도 계속되었다.

그러던 어느 날, 지하철에서 ㄴ 양은 한 남성들에게 성희롱을 당했다. 들리지 않을 거라 생각했는지 낄낄거리며 희롱하는 남성들로 인해 ㄴ 양은 수치스러움을 느끼고 당장 지하철에서 내렸다. 큰소리로 욕하고 싶었지만 욕설은 입안에서만 맴돌았다. 이후 식도염이 생겨 음식을 먹기 힘들었고, 학교에 가고 잠이 드는 모든 일상이 힘겨웠다. ㄴ 양은 자기 방 안에서만 생활했다. 심지어 집에 있는 화장실도 가지 않았다. 어머니가 열쇠로 방문을 따고 들어와 ㄴ 양의 배설물을 치웠다. 하지만 ㄴ 양의 방은 금세 더러워졌다.

심각성을 깨달은 가족은 ㄴ 양의 문제를 논의하는 자리를 마련했다. 어머니와 오빠는 ㄴ 양의 이상 증상을 호소했지만, 아버지는 ㄴ 양의 증상을 완강하게 부정했다. 인정하면 집안의 수치가 될 터였기 때문이다. 차일피일 시간은 지나갔고 ㄴ 양은 식도염 증상이 심해져 경련까지 일어나 결국 대학을 그만둘 수밖에 없었다.

하루는 방을 치우러 들어온 어머니에게 L 양은 초등학생 때 당한 성추행 피해에 대해 따지기 시작했다. 어느 시점부터 수가 틀리면 어머니에게 끄집어내는 불만이었다. 그러자 어머니는 아예 표정 하나 안 변하면서 '여자들은 다 그렇게 크는 거다'라며 L 양을 무시하고 말을 섞지 않으려고 했다. 이제는 더 이상 자신의 불만이나 고통을 논리적으로 설명하기도 어려워진 L 양은 끔찍한 신체 증상과 더불어 부모와 세상에 대한 원망 속으로 점점 침잠했다.

L 양은 결국 죽는 수밖에는 답이 없다고 결론 내렸다. 온 식구가 외출했을 때 필요한 도구를 구하러 나갔다. 집 앞 슈퍼에 번개탄이 있었다. 한참을 망설였다. '이걸 사면 입이 싼 슈퍼 아줌마가 엄마한테 틀림없이 이야기할 텐데……' 아무것도 사지 않고 집으로 돌아와 방에 처박혀 다시 며칠 동안 고민했다. 인터넷에 있는 수많은 자살 관련 정보를 접하며 L 양은 죽음에 심취했다. 그중 L 양의 눈에 띈 잔혹한 영상 여럿을 열심히 보았다. L 양은 점점 자살 시도라는 자신의 목표에 다가갔다.

L 양은 목표 실행을 위해 대형 마트에 갔다. 규모가 커서 아무

도 L 양을 신경 쓰지 않았다. 그곳에서 L 양은 회칼 세 자루와 목장갑을 샀다. L 양은 손가락을 칼날에 대보았다. 날카로운 칼날이 금방이라도 살 속을 파고들 것 같았다. 무서웠지만 자신의 죽음이 세상의 모든 부조리를 종식하는 의미 있는 사건이 되어야 한다고 생각했다.

원흉은 어머니였다. '딸의 성추행 사실도 알아채지 못하고 나를 제때 구제해주지 못해 내 학교 생활도 엉망으로 만들어놓고 막상 피해 사실을 털어놓자, 다 그렇게 크는 거라고? 인터넷 카페 친구들 얘기가 맞아. 이런 부조리는 따라 올라가다보면 결국 혼인 제도의 문제야. 남성의 노예가 되어 그들의 씨앗을 낳고 다시금 노예 구조를 공고히 한……. 엄마를 낳은 외할머니도 책임이 없진 않지.' 생각은 꼬리에 꼬리를 물었다.

한편 L 양의 어머니는 방 안에서만 머물며 이전보다 더욱 고립되는 딸이 걱정스러웠다. 터무니없는 트집을 잡아 며칠씩 방에서 나오지 않는 모습을 걱정하면서도 어머니로서는 어디서부터 어떻게 L 양을 도울 수 있을지 그 방법을 찾기 어려웠다. 그 와중에 먼 지방에서 열리는 친척의 결혼식에 참석해야 하는데 하루 이상 홀로 남겨질 딸이 걱정됐다. L 양의 어머니는 결국 친정어머니에게 L 양과 하룻밤만 함께 있어달라고 부탁했다. L 양이 어릴 때 보살펴주었던 외할머니도 손녀딸과 오랜만에 보내는 1박 2일을 즐거울 거라고 생각하며 일찌감치 집에 와서 L 양과 함께 식사도 하고 잠도 자기로 했다. L 양의 생각은 달랐다. '바로 오늘이다. 외할머니는 꼭 나랑 함께 가야 해. 한국에서 여성으로 산다는 것은 잉여야. 어차피 미래가 없어. 이 모든 잘못의 시작인 외할머니와 함께 가는 건 의미가 크지.' 가족들이 모두 지방에 가고 L 양은 집에 외할머니와 단둘이 남았다.

밤이 되고 잠자리에 들 시간이 되었다. L 양은 외할머니의 요 아래 미리 넣어두었던 칼을 조심스레 꺼냈다. 유리창 너머에서 들어오는 가로등 불빛에 외할머니의 얼굴 윤곽이 그대로 드러났다. L 양은 주저 없이 외할머니를 난도질했다. 지난 며칠 L 양을 '지배한 생각'은 L 양을 극도의 흥분 속으로 몰고 갔다.

그다음 자신의 차례라 생각하고 L 양은 옷을 벗었다. 그러고는 안방으로 들어갔다. 화장대 위에 엄마가 제일 좋아하는 립스틱이 놓여 있었다. 그래도 어머니에게 소식을 남기기 위해 거울에 '외할머니와 함께 가요'라고 립스틱으로 커다랗게 썼다. 더러운 몸으로 발견되어서는 안 되니까 욕실에서 깨끗이 씻은 뒤 욕조에 물을 받았다. '어차피 엄마, 아빠는 지방에서 주무시고 오실 테니 시간은 많다.' 물이 가득 찬 욕조에 들어갔다. 자살을 고민했던 초기부터 익사를 자살 방법으로 선택했다. '고통이 적겠지'라고 생각하며, 욕조 안에 누웠다. 그러고는 머리를 물속으로 집어넣었다. '하나, 둘, 셋, 넷······.' 숨을 쉴 수 없었다. 정신을 잃을 것 같은 순간 참지 못하고 얼굴을 물 밖에 내놓았다. 다시 한 번······. 또 실패. L 양은 주섬주섬 옷을 챙겨 입고는 집을 나왔다. 가로등 불빛도 꺼진 캄캄한 밤이었다.

'순식간에 여섯 달이 지났다. 지금 생각해보면 그 일이 왜 일어났는지 모르겠다.'

1심이 끝나고 L 양은 구치소에서 안정적으로 생활했다. 매일 거르던 식사를 규칙적으로 하면서 건강 상태도 많이 좋아졌다. 씻지 않는 습관은 여전했지만 한방을 쓰는 수감자들의 불평으로 어쩔 수 없이 일주일에 한 번씩은 머리를 감아야 했다. 여전히 하루 종일 한 마디도 하지 않는 날이 많지만 한방을 쓰는 수용자가 L 양을 진심으로 돌보아주었다. 아침마다 머리를 빗겨주고 속이 아프다고 하면 따뜻한 물을 구해주어 밥을 말아 먹을 수 있도록 도와주었다.

황달기가 있던 L 양의 얼굴은 보통 20대와 다름없는 안색으로 돌아왔다. 자신의 배설물을 모아두던 습관은 사라졌고 교도관의 지시도 곧잘 따랐다. 다만 정신과 진료는 여전히 거부했고, 우울증 약을 복용하라는 의사의 권고도 '알약은 삼킬 수 없다'며 거부했다. 하지만 불면증도 없어졌고 운동 시간에는 운동장을 빠른 걸음으로 한 바퀴씩 매일 돌았다. 교도관은 물론 같은 사동을 쓰는 모든 수용자는 L 양이 사람들과 친하게 지내지만 않을 뿐, 구금 전과 달리 조현병의 증상 중 하나인 환각을 호소한 적은 없다고 보고했다.

범죄심리 프로파일링

위 사례는 성격장애 중에서도 매우 희귀한, 임상 현장에서 접하기 어려운 사례인 조현형 성격장애로 추정되는 인물의 성장 환경과 범행 과정을 다루고 있다.

L 양의 행동 중 가장 큰 특징은 기이하고 특이한 행동과 관계에서 느끼는 불안감 및 피해 의식이다. 배설물과 생리

대를 버리지 않고 가방에 모으는 행동을 하고, 자신을 이해해주지 않는 어머니에게 자신의 부적응 문제의 원인을 모두 투사하여 여성이기 때문에 자신의 사회불안과 부적응 문제를 탓하는 인지 왜곡을 동반하며 대인관계에서의 어려움을 반복하는 양상을 보인다. 특히 어릴 때부터 이 같은 관계 불안이 시작되었기에 학교생활 부적응으로 이어졌을 가능성이 크다. 관계에 대한 막연한 불안감은 L 양의 사회적 단절을 야기했다. 그럼에도 불구하고 적절한 치료적 개입은 결여된 것으로 보인다.

　L 양의 심리 상태를 파악하기 위해서는 어릴 적 경험에 대한 이해가 필요하다. 초등학생 시절 성추행 피해, 중학생 시절 학교 폭력 피해 및 집단 따돌림 등으로 인해 고등학생 때부터 막연한 피해 의식을 갖고 방어적 목적에서 기인한 행동을 시작한 것으로 보인다(물론 과거 피해 경험에 대한 객관적 증거는 확인할 길이 없다). 고등학교 재학 당시 배설물을 과자 봉지 속에 담은 뒤 플라스틱 통에 넣어 가지고 다닌다거나, 사용한 생리대를 가방 안에 모아둔다거나 하는 퇴행적 행동을 자기방어적 몰두 행위로 해석할 수 있다. 사회적 관

계를 통해 자아 정체감을 형성해야 하는 청소년기를 외톨이로 지내다보니 자신의 존재감에 대한 욕구가 결핍되어 일종의 방어기제로써 배설물에 집착을 보였던 것으로 해석된다. 이는 조현형 성격장애의 진단 기준(182~183쪽 참고) 중 "기이한 사고와 행동을 하고 기이한 언어를 쓴다"에 해당하는 바, 근본적으로는 스스로 부족한 자존감을 메우려고 한 행동은 아니었는지 추정해본다.

더러운 배설물을 신성시하며 가방 안에 고이 간직한 행위는 건전하고 합리적 사고 대신 주술적 믿음에 기인한 특이한 신념 체계에서 기인한다고도 볼 수 있다. 성격장애가 없는 사람도 주술적 믿음에 따라 시험을 앞두고 머리를 감지 않거나 재수 없는 단어를 피하고, 시험 날 미역국을 먹지 않고, 합격을 기원하며 시험장 문에 엿을 붙이는 행동을 하듯, L 양 역시 배설물을 신성시하는 자기만의 주술적 방법으로 불안감과 부적절함을 해결하려 한 것으로 보인다.

L 양이 지닌 주술적 사고의 정점은 '지배받는 느낌' 때문에 범죄를 저지르는 대목이다. 개인적 적대감이 없음에도 불구하고 외할머니를 살해하는 행위를 마치 주어진 임무

처럼 인식한 것은 최근 인터넷에서 만연한 혐오주의와 무관하지 않다. 어느 정도 비판 의식이 있다면 과도하고 지나친 주장을 적당한 선에서 재평가해야 함을 깨닫는다. 하지만 기이하고 편파적 사고의 틀에 갇힌 L 양 입장에서는 이와 같은 비판적 사고가 불가했던 것으로 보인다.

타인에 대한 과도한 의심 역시 L 양에게서 나타나는 특징이다. 각자 입장에서 보면 사소하거나 우연한 사건임에도 강력한 의미를 지닌다고 믿는 현상이 나타났다. 예를 들면, 남학생들끼리 버스 안에서 키득거리는 행동을 자신을 성희롱할 의도에서 한 행동이라고 일방적으로 착각해버리는 과도한 피해 의식은 L 양의 현실 부적응, 나아가 사회적 철회social withdrawal의 단초가 되었다. 노래 가사가 자신의 이야기라고 믿거나 SNS의 글이나 사진에 자신에 관한 의미가 감춰져 있다고 생각하는 것 등이 관계에서 느끼는 불안감과 착각의 한 예이다.

이런 기이한 사고로 인해 타인과 교류하기 어렵고 타인과의 접촉 빈도도 점점 줄어든다. 이는 조현형 성격장애의 진단 기준 6번 "부적절하거나 메마른 감정을 느낀다"에 부합하는 성향으로 이어진다. 단, 성인이 아니라면 자폐나 아스퍼거Asperger 증후군(자폐 스펙트럼 장애) 등 사회적 기능상 결핍이 동반되는 다른 여러 질환일 가능성을 고려해서 차별적으로 진단해야 한다.

이런 경우, 회피적이며 미성숙한 인간관계로 인해 사회적 상호작용을 맺는 데 실패한다. '사회적 철회'라고 불리는 관계의 부재는 나아가 타인에 관한 공감 능력의 부재로 이어진다. 조현병에서의 음성 증상negative symptoms과 유사한 감정부전증*과 증상이 매우 비슷하다. 그러나 조현병에 비하여 증상의 정도는 덜한 편인데, 일반인의 수줍음과는 유의미하게 다르다.

재판정에서 외할머니가 자신을 공격하는 L 양을 보며 무슨 생각을 했겠냐는 물음에 L 양은 "굉장히 아픈"이라고 답했다. 죄책감이나 반성의 변은 전혀 없고 사랑하는 손녀의 공격으로 숨을 거두는 외할머니의 마음을 전혀 이해하지 못하는 점이 특이하다. 피해자는 신체적으로 아픈 것 이상

• 지속적 우울감과 활동력 저하를 특징으로 하는 주요 우울 장애.

의 당혹감을 느꼈을 것이며 어쩌면 그보다 더 극한 감정, 분노나 괘씸함 혹은 배신감 등을 느꼈을 것으로 추정된다. 그러나 L 양은 이 같은 외할머니의 입장을 전혀 짐작도 못하는 것으로 보인다. 이런 사고의 특이성이 바로 '공감 능력의 부재'를 시사한다. 나아가 개인적으로 고유한 틀에 박힌 기이한 언어나 사고의 단면이기도 하다.

L 양이 보이는 '공감 능력의 부재'는 사이코패스의 전조 증상으로서도 매우 중요하다. 타인의 고통, 즉 공포나 슬픔 등을 이해하지 못한다면 타인을 향해 공격적 행동을 반복적으로 취할 수 있기 때문이다. 여러 요소로 구성되는 공감 능력의 부재에서 L 양은 타인이 제공하는 정서적 자극 전반에 걸친 몰이해가 특이점으로 나타나며 전형적 사이코패스와는 조금 다른 특징을 보인다. 즉 상대의 슬픔이나 고통을 이해하면서도 잔혹함을 발휘하기보다는 오히려 자폐증과 비슷하게 애초에 주변 사람이 보내는 정서적 신호를 파악하지 못한다. 이런 특이성은 물론 지능상 문제로 인해 발생할 수 있으나 L 양과 같은 타입은 지능이 평균 수준인 고기능 자폐, 즉 아스퍼거 증후군과 비슷한 증상일 수도 있다.

DSM-5에서는 '아스퍼거 증후군'이라는 직접적 진단명 대신 '자폐 스펙트럼 장애'라고 보다 포괄적으로 진단한다. 공감 능력 부족은 조현형 성격장애와 아스퍼거 증후군에서 모두 관찰되는 특징이다 (조현형 성격장애와 아스퍼거 증후군은 유사한 특징으로 인해 명확하게 구분하여 진단하기 어렵다. 양성 증상을 보일 때만 둘 간의 차이가 분명하다.)

조현병의 증상은 왜곡된 정신 기능이 과도하게 외부로 표출되는 양성 증상과 정신 기능이 소실되거나 결핍되어 보이는 음성 증상으로 나타난다. L 양은 기이한 행동과 사고장애 증상이 가장 뚜렷하게 나타났다. 따라서 조현형 성격장애라고 진단 내리는 것이 더 적합하게 보인다. 주의 전환에의 문제와 인지 지각적 특이성이 뚜렷하다면 아스퍼거 증후군이라 판단해야겠으나 L 양은 인지 지각적 반응 경향성에서는 특이성이 두드러지지 않았다.

조현형 성격장애를 지닌 사람에게 가장 필요한 접근 방법은 '세상에 다시 연결될 수 있다'는 것을 알려주는 것이다. 기본적으로 시간 약속을 지키게 하는 훈련부터 시작한다. L 양은 같은 방 수감자의 보살핌 등으로 교도소 안에서 규칙적으로 머리를 감고, 운동 시간에는 운동장을 돌면서 교도관의 지시에도 따르게 되었다. 공동의 규칙을 지키고 지시를 따르는 습관은 자신만의 폐쇄적 세상이 익숙한 조현형 성격장애로 고통받은 사람이 자기만의 세상에서 빠져나와 여러 사람과 함께하는 시간을 중심으로 생각하는 힘을 길러준다.

인지행동치료에서는 인지적 기법과 행동적 기법을 합하여 조현형 성격장애를 지닌 사람이 비정상적 사고나 지각을 스스로 객관적으로 평가하도록 가르치고, 부적절한 자극은 무시하도록 한다. 예를 들어, 나 자신을 위하는 행동으로 배설물을 가지고 다닌다면 왜 그래야 하는지 글로 작성하여 그 생각의 유래를 찾아보도록 한다. 그리고 그 생각이 하늘이 아닌 자신에게서 왔다는 것을 인지하면 적절한 말하기, 매너와 같은 사회기술 익히기 등의 행동 기법을 학습할 수 있다. L 양은 사회에서 요구하는 기본 행동방식을 가정과 학교에서 학습하지 못하고 수감된 뒤에야 배우기 시작한 것으로 보인다.

아스퍼거 증후군(자폐 스펙트럼 장애)

아스퍼거 증후군은 DSM-5에 따르면 자폐 스펙트럼 장애에 포함된다. 아래는 자폐 스펙트럼 장애의 진단 기준이다. A, B, C, D에서 언급한 기준 정도에 모두 해당하면 자폐 스펙트럼으로 진단한다.

A. 일부에 한정되지 아니하고 전체에 걸쳐 나타나는 발달 지연으로 말미암아 사회적 소통이 미발생하고 상호작용이 결여되어 있다. 다음 세 가지 항목에 모두 해당해야 한다.

❶ 사회적-감정적 상호관계가 결여됨. 서로 주고받는 대화를 수행할 수 없다.

❷ 상태에 특별한 변동이나 어려움이 없으면서도 시선 접촉, 표정 혹은 제스처를 비롯한 비언어적 의사소통이 결여되거나 비언어적 의사소통을 이해하는 데 어려움을 겪는다.

❸ 양육자와의 관계를 제외하고 발달 수준에 적절한 관계를 만들고 유지하는 경험이 결여되어 있다. 여러 가지 사회적 문맥에 맞춰 행동하는 것에 어려움을 겪는다. 상상 놀이 혹은 친구를 만드는 것에 대한 어려움을 겪는다. 타인에 대한 관심의 결여 등을 포함할 수 있다.

B. 제한적이고 반복적 행동 패턴, 관심 혹은 활동을 보인다. 다음 중 두 가지 이상 항목에 해당해야 한다.

❶ 반복적 말, 반복적 움직임, 혹은 물체의 반복적 사용을 보인다(상대방의 말을 따라 하는 반향어, 기이한 어구 사용).

❷ 언어적 혹은 비언어적 행동에 있어 반복적이고 의식적ritualized 행동에 고착되고, 변화에 강하게 반항한다(똑같은 음식 먹기를 고집하기, 질문 반복하기, 사소한 변화에 강하게 고통받음).

❸ 상태에 특별한 변동이나 어려움이 없으면서도 문제

가 있어 보일 정도로 하나의 취미에 과도하게 집착한
다(평범하지 않은 대상에 대한 강한 관심, 제한된 흥미).

❹ 감각 자극에 강하거나 약하게 반응하거나 특별한 변
동이나 어려움이 없으면서도 기이한 무언가에 흥미
를 보인다(고통이나 더위 또는 추위에 대한 무관심, 특정한
소리 혹은 무늬에 특이한 반응을 보인다. 한 물체를 과하게 만
지거나 냄새를 맡는다. 빛 혹은 회전하는 물체에 매료된다).

C. 장애를 초기 아동기에 발견해야 한다. 그 이후에 발견할
경우 조현병 등 정신증으로 발현하거나 자살, 살해 등 위험
한 상황에까지 이를 수 있다. 단, 사회성의 요구가 환자의
제한된 능력을 넘어서는 시점 전까지는 드러나지 않을 수
도 있다.

D. 장애가 기능 수행을 매일매일 총체적으로 제한하고 방
해한다.

범죄 심리 해부노트

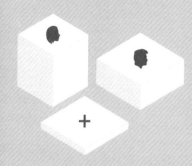

경계성 성격장애

타인에게 비치는 자신의 이미지에 예민하고
정서적으로 불안정하며 충동적이다.

자기애성 성격장애

공감 능력이 떨어진다.

연극성 성격장애

정서를 과도하게 표현한다.

반사회성 성격장애

타인의 인권을 무시하고 침해한다.

II

감정적이고
변덕스러운
B군 성격장애

경계성 성격장애 Borderline Personality Disorder의 주요 특징은 불안정한 정서
이며, 이로 인해 대인관계가 불안정하다. 타인이 자신을 어떻게 대하는가
에 매우 민감하다. 친절에는 극도로 기뻐하고 감사하다가 비난이나 상처가
되는 언행에는 극도로 슬퍼하고 화를 낸다. 특히 부정적 감정을 굉장히 강
렬하게 느낀다. 거절당하거나 소외되었다고 느낄 경우, 합리적으로 대처하
기보다 자해하거나 자살을 시도하는 등 극단적 행동을 한다. 호감을 느끼
던 사람에게 갑자기 혐오를 느끼는 등 급격한 감정 변화도 흔하게 나타난
다. 대인관계에서 상대를 이상화하고 평가절하하기를 반복하는 가운데 정
상적 관계 형성이 어려워 결국 가족, 친구, 직장 동료와의 관계를 쉽게 망

4

정서가
불안하고 충동적인
경계성 성격장애

친다. 또한 불안정한 자아상과 정서로 인해 약물 오남용, 식이장애, 위험한 성행위나 난폭 운전 등 과격하고 충동적인 행동이 나타난다.

발생 원인은 매우 다양하고 복잡하다고 알려져 있지만, 환경적으로 아동기에 경험한 방임과 성적 학대, 무시, 죽음을 비롯한 이별 및 상실과 관련이 있다고 추론된다. 또한 생물학적 연구 결과에 따르면, 해마와 편도체 크기가 일반인보다 더 작으며 특히 부정적 정서를 만드는 편도체의 활동이 보통 이상으로 활발하다. 반면 정서적 각성 정도를 조절하는 등의 역할을 하는 전전두엽 피질의 활동 수준은 낮은 것으로 알려져 있다.

지방의 한 펜션에서 B 씨가 전남편 A 씨에게 약물을 먹인 뒤 살해했다. 이후 펜션 내에서 사체를 훼손하여 쓰레기 종량제 봉투에 담아 바다와 친척 집 주변에 유기했다. 완전범죄라 확신한 B 씨는 자신의 주거지로 돌아와 현 남편과 새로운 시작을 꿈꿨다고 진술했다.[*]

이 사례는 가해자 B 씨의 일인칭 시점으로 서술했다. 불안정한 자기상으로 거절에 민감한 B 씨의 정서 변화를 따라가는 데 일인칭 시점이 유효하리라 여겼다. 부정적 감정을 과장되게 경험하는, 경계성 성격장애의 특성을 보이는 B 씨가 대인관계에서 보인 극단적 행동을 살필 수 있다.

* 해당 사례는 실제 사건과 일부 비슷한 부분이 있으나 인명, 지명, 직업 등 구체적 내용을 모두 가공했음을 밝힙니다.

B 씨에 대하여

"B 씨, 당신을 살인죄로 긴급체포합니다. 당신은 묵비권을 행사할 권리가 있고 당신이 한 말은 법정에서 불리하게 작용할 수 있으며 당신은……."

낯선 남성들이 형사라고 밝히며 내게 다가왔다. 곧바로 서늘한 감각이 내 손목을 감쌌다. 수갑을 본 순간 머릿속이 하얘지며 사고가 정지되었다. '이게 아닌데, 이럴 리가 없는데.' 완전범죄를 확신하던 나는 당황할 수밖에 없었다. 혹시나 생길 사태에 대비하여 생각해둔 거짓말을 꺼냈다. "왜요……? 난 그런 적 없는데…… 내가 당했는데……"라고 내가 성폭행 피해자라는 억울함을 목소리 높여 주장했지만, 그들은 막무가내로 나를 경찰차에 태웠다. 경찰서로 연행되는 길, 차 밖 풍경을 보며 생각에 잠겼다. 눈을 감자 며칠 전 일이 생생하게 떠올랐다.

며칠 전, 전남편 A를 만났다. 정확히 표현하자면 전남편과 나 사이에 태어난 아들을 만나야 해서 그를 만났다. 우리는 대학 때 만나 6년의 행복한 연애 끝에 결혼했다. 결혼할 때는 우리의 미래를 정말 기대했다. 어릴 때부터 결혼에 대한 환상이 있었기 때문이다. 결혼생활은 무조건 행복해야 했다. 남들에게 행복하게 보여야 했다.

나는 아버지가 지역에서 꽤 큰 사업체를 성공적으로 운영하셨기에 어릴 때부터 돈 걱정 없이 자랐다. 남들은 유복하게 자라서 남 부러울 것이 없겠다고 생각할 수 있으나 나는 늘 바쁜 부모 곁에서 어린 시절 응당 받아야 할 관심과 사랑 없이 자랐다. 그러다가 다섯 살 때 어머니가 동생을 낳고 집을 떠났다. 양육자라곤 아버지뿐이었고, 그의 관심은 오롯이 남동생에 쏠려 있었다. 나는 언제나 아버지의 관심과 인정을 받기 위해 전전긍긍했다.

학교에서도 친구들에게 배신을 당했다. 내가 아무리 애정을 주어도 친구들은 하나같이 나를 슬슬 피하다가 결국 멀어졌다. 나의 불안정한 모습 때문이었던 것 같다. 내 마음을 몰라주는 친구들에게 항상 섭섭했다. 화도 났다. 커터 칼로 손목을 긋기도 하고 벽에 머리를 찧기도 했다. 그들은 내 모습을 보고 더 진저리치며 돌아섰다.

미래의 배우자는 감정 기복이 심하고 버림받는 데 익숙한 나를 많이 이해해주고 사랑해주는 사람이길 바랐고, 전남편이 그런 사람이었다. 연애할 때 그는 언제나 상냥하고 절제된 모습이었다. 남들도 1등 신랑감이라고 여길 만큼 학벌도 좋고 평판도 좋은 사람이었다. 자존감이 낮은 나에게 많은 사랑을 주고 관계를 어른스럽게 이끌며 자신의 분야에서 인정과 존경을 받는 그를 보면서 그가 당장은 가난하지만 결국에는 완벽한 남편이 될 수 있으리라고 믿었다. 아이도 낳아 언제나 꿈꿔온 완벽한 가정을 이룰 것이라고 기대했다.

하지만 기대와 달리 결혼생활은 녹록지 않았다. 시가 사람들은 우리의 일상을 번번이 방해했고 당시 학생 신분이던 남편에게 용돈이 조금이라도 생기면 그저 뜯어가기 바빴다. 참다못한 내가 시부모님에게 신경을 꺼달라고 부탁한 날 저녁, 부모를 끔찍이 아끼는 전남편은 불같이 화를 냈다. 나는 온몸으로 대들었다. 하지만 내 작은 손으로 때리고 발로 차도 덩치 큰 전남편은 끄떡도 하지 않았다. 며칠 뒤 나는 자해했고, 응급실에 실려 간 뒤에야 사과를 받아낼 수 있었다.

경제적으로 풍족하지 못했던 전남편 탓에 아이가 태어나면서부터 형편이 더더욱 어려워졌다. 그가 벌어오는 강사료로는 생계를 유지하기에 턱없이 부족했다. 어쩔 수 없이 경제적으로 여유로운 친정에 손을 벌릴 수밖에 없었다. 남동생에겐 무엇이든 오냐오냐

하던 아버지는 우리를 도와줄 때마다 혀를 찼다. 집 나간 어미와 어쩌면 그렇게 똑같으냐며 질책했다. 내 자존감은 한없이 나락으로 떨어졌다. 절대 어머니처럼 사는 실패를 하지 않으리라 결심했지만……. 소용없었다.

양육 방식에 대한 견해 차이로도 시가와 갈등이 많았다. 양가 모두 아이를 보고 싶어 할 때마다 아이를 어디에 데려갈 것인가를 두고도 전남편과 말다툼을 했다. 경제적으로 도와주지도 못하면서 손주에 관한 권리를 행사하려는 시어른들을 이해할 수 없었다. 아이가 네 살이 되던 해, 수많은 부부싸움 끝에 우리는 결국 이혼했다. 어린 나를 두고 떠난 어머니처럼 무책임해지지 않기 위해 사생결단으로 양육권 다툼을 해서 경제력이 없는 전남편에게서 내 자식을 지켜냈다.

전남편과 이혼한 뒤 지금의 남편을 만났다. 이혼한 뒤 타향살이를 시작하던 그는 나와 고향이 같고 아들이 있는 싱글남이었다. 전남편보다 덩치도 훨씬 왜소하고 외모도 볼품없었지만 직업이 공무원이라 경제적으로 안정적이었다. 나와 현 남편은 각기 같은 또래의 아이가 있었지만 모두 양가에서 아이를 돌봐주시던 연유로 완벽한 신혼생활을 꿈꿀 수 있었다. 주변에서 그 누구도 우리를 재혼 커플로 보지 않았다. 그러나 보다 완벽한 가정을 이루기 위해서는, 우리만의 아이가 있어야 했다. 그래야 그의 사랑을 완벽하게 내 것으로 만들 수 있을 것 같았다. 정말 이번에는 엄마, 아빠 그리고 아이로 이루어진 완벽한 가정을 꾸릴 수 있다고 기대했다.

하지만 두 번이나 유산을 반복했다. 두 번째 유산으로 몸이 몹시 좋지 않을 때, 법원에서 온 서류 한 통을 받았다. 친정에 맡긴 아이를 전남편이 만나겠다며 법원에 면접교섭권을 요청하는 가사소송을 제기한 내용이었다. 결혼 기간 내내 무능력함으로 일관하던 전남편은 이번에도 새롭게 출발하려는 내 행복을 또다시 깨려고 했다. 커다란 장애물이었다. 심지어 법원은 전남편 편을 들어주며 나에게 고향으로 내려와 전남편에게 아이를 보여주라는 명령을 내렸다. 현 남편과 가진 아이를 두 번째 유산한 일 때문에 극도로 스트레스를 받는 상황에서 내 발목을 잡는 전남편의 태도에 격분했다. 어릴 적부터 꿈꿔온 결혼에 대한 환상을 처참하게 짓밟은 것도 모자라 새로 시작한 이 생활마저 또 망치려고 하는 그는 천벌을 받아 마땅하다. 전남편만 없어진다면 친정에 맡겨둔 아이는 별다른 문제 없이 잘 지내고, 나 역시 현 남편과의 아이를 갖는 일에 몰두할 수 있을 텐데……. 결국 내가 행복해지려면 그가 없어져야만 하는 상황이 벌어졌다.

전남편이 면접교섭권 행사를 시작하기 2주 전, 그를 내 인생에서 영원히 지우기로 결심했다. 털끝만 건드려도 폭발할 지경이었다. 예전의 나라면 듣기만 해도 무서워 벌벌 떨 단어를 하나둘 인터넷에서 검색했다. 두려움은 없었다. 전남편을 하루빨리 내 인생에서 지우고 싶다는 생각만 들었다. 계획을 조금 더 수월하게 실행하기 위해 면접교섭권 행사로 인해 전남편과 만나기로 예정한 날보다 조금 일찍 고향으로 내려가 묵을 펜션부터 답사했다. 전남편을 살해하는 데 필요한 도구를 구입했고 락스 등 증거물을 지우기 위한 청소 도구도 미리 사두었다. 혹시나 하는 마음에 수면제도 충분히 준비했다.

면접교섭권 행사 당일, 계획한 대로 전남편과 아들을 함께 근처 관광지에서 놀게 한 다음 펜션에 오게 하여 내가 직접 요리한 저녁밥을 먹였다. 나는 설거지까지 마치고 아들이 장난감을 가지고 노는 모습을 본 뒤에 전남편에게 수면제를 탄 차를 마시게 했다. 그렇게 나는 2주간 꼼꼼히 세운 계획을 빈틈없이 실행했다.

다음 날, 펜션에서 뒷정리를 끝낸 뒤에 펜션 주인에게 전화를 걸어 "아이와 물감 놀이를 해서 펜션 곳곳에 물감 흔적이 남아 있다"라고 말했다. 아이를 친정에 데려다준 다음 전남편의 사체를 여러 장소에 나누어 유기하는 것으로 계획을 마무리했다. 이로써 완전 범죄가 이루어졌다고 생각했다.

사는 곳으로 다시 돌아가기 위해 곧바로 기차를 탔다. 그때, 경찰에서 전화가 왔다. 전남편의 실종신고가 접수되어 내게 확인할 사항이 있다는 것이었다. 순간 깜짝 놀라 가슴이 철렁 내려앉았지만 침착하게 답변했다. "전남편은 아침에 혼자 먼저 나가서……. 그 이후에는 모르겠네요. 저도 이제 막 집으로 돌아가는 길인데 혹시나 무슨 일이 생기면 다시 연락 주세요." 경찰은 내 말을 믿는 눈치였다. 전화를 끊은 뒤 창밖을 바라보았다. 스쳐가는 창밖 풍경은 평화로웠다. 전화를 받고 빠르게 뛰던 가슴도 이내 진정되었다. 하루 사이, 엄청난 일이 벌어졌지만, 그 어느 때보다도 정신이 맑아지는 느낌이었다. 홀가분했다. 내 인생 최악의 장애물이 드디어 사라졌으니 더 이상 나를 힘들게 할 것은 없다. 돌아가서 남편과 행복하게 살기만 하면 된다. 창밖에 보이는 들판을 바라보며 혹시나 생길 수 있는 사태에 어떻게 대처할지 곰곰이 생각했다.

체포된 뒤 형사들은 내가 살인자라는 증거를 제시했다. 숙소에서 찾아낸 대량의 혈흔, 내 차량에서 발견된 범행 도구, 마트에서 내가 구매한 물건 목록 등의 사진을 보여주며 나에게 자백하라고 했다. 나는 준비했던 말을 했다. "저기요, 형사님. 제가 죽인 건 맞아요. 죽인 건 맞는데 그 인간이 먼저 나를 성폭행하려고 했어요! 저는 죽기 살기로 반항하다가 실수로 칼로 찌른 거고요. 정신을 차렸을 때는 이미 죽어 있어서 신고할까 했는데 순간 남아 있는 제 아들이랑 지금 남편 생각이 나서……. 덮을 수밖에 없었어요. 그런데 그 인간이 먼저 달려들어서 생긴 일인데도 제가 잘못한 거예요? 이거 봐요! 그 인간이랑 몸싸움하다가 생긴 상처라고요! 저는 억울해요, 형사님!" 붕대 감은 손과 몸에 난 상처를 보여주면서 머릿속으로 되뇐 대로 억울함을 계속 강조했다. 사실 다른 일을 하다가 생긴 상처이지만 어차피 가장 결정적 증거인 사체를 경찰들이 찾지 못했으니 두려울 것이 없다. 말만 잘 지어내면 분명 빠져나갈 수 있을 것이다.

　며칠 뒤, 언론에서는 나의 행적과 증거를 내세우며 내가 계획적으로 살인했다고 떠들었다. 강하게 비판도 가했다. 하지만 나는 내가 잘못했다고 생각하지 않는다. 내가 원했던 것은 그저 나를 많이 사랑해주고 다정하고 경제적 걱정 없이 살게 해주는 완벽한 남편 그리고 나와 그 사이에서 태어난 아이와 함께 사는 행복한 결혼생활뿐이다. 그러나 전남편은 나를 행복하게 해주기는커녕 나의 자존감을 더욱 떨어뜨렸고 나를 지옥으로 끝없이 몰아갔다. 새 출발로 행복하게 살겠다는 나를 또다시 방해하고 괴롭혔는데, 오히려 내가 피해자 아닌가? 내가 더 큰 피해를 받았고 억울한 처지이다. 잘못한 것이 없다. 법정에서 내 억울함을 호소할 것이다. 전남편이 내 인생을 망쳤다고 강력하게 항변하며 끝까지 버티고 당당히 맞설 것이다.

범죄심리 프로파일링

사례 속 B 씨는 경계성 성격장애의 진단 기준(184~185쪽 참고)을 충족한다. 버려지는 것에 대한 민감성(진단 기준 1번: 실제나 가상으로 버림받는 것을 피하기 위해 필사적으로 노력한다), 자해나 자살 시도(기준 5. 자살 시도, 자살 시늉이나 위협 또는 자해 행위를 반복한다), 부적절한 폭발적 분노(진단 기준 8번: 부적절하고 강력한 분노를 느끼며 분노를 통제하는 것을 힘들어한다),

가족 내에서의 극도의 혼돈(진단 기준 2번: 타인을 이상화하거나 평가절하하는 극단적 행동 패턴을 보이며 대인관계가 불안정하고 강렬하다), 그리고 정서적 불안정성으로 인한 현저한 기분 변화(진단 기준 6번: 현저한 기분 변화에 따른 정서적 불안정성)에 해당한다.

B 씨와 같은 사람들의 대인관계 특성은 대개 비슷하다. 버림받는 것을 끔찍이 두려워하고, 애인이나 양육자인 '구원자' 가까이에 있고 싶어 하고 보호와 돌봄받기를 원한다. 양육자에게 우호적으로 의존하다가도 그들이 자기가 원하는 것을 충분히 제공해주지 못하면 적대적으로 돌변하여 통제하려 한다. 겉으로 티가 안 날 뿐, 자신이 의존하고 요구하는 것을 그들이 내심 좋아할 것이라고 믿는다. 설령 행복과 성공의 징후가 나타나더라도 상처받은 자아가 스스로를 공격하고 괴롭힌다.

어린 시절 B 씨는 아버지에게 받길 원했던 관심을 남동생에게 빼앗겼다고 생각하고 항상 인정받고자 전전긍긍했다. 아동기 때 어머니가 집을 나가 주 양육자와 제대로 된 애착관계를 이룰 수 없었다. 어머니의 부재는 애착관계 형성의 어려움, 그 이상의 의미가 있다. 어린 시절, B 씨는 가정에서 방임되어 적절한 관심을 받지 못했을 것이고, 인정받지 못한 채로 청소년기를 보냈을 것이다. 성인이 된 B 씨가 정체성 형성에 혼란을 겪거나 만성적 공허감을 느끼는 것은 당연한 수순이다.

결혼한 뒤에는 첫 번째 남편에게서 버림받지 않고자 애썼지만 실패했고, 이혼한 뒤 만난 두 번째 남편과의 관계를 애써 유지하고자 노력하다가 결국 이를 위해 '전남편 살인'이라는 극단적 행동을 취했다. 이는 진단 기준 1번 "실제나 가상으로 버림받는 것을 피하기 위해 필사적으로 노력한다"의 일환으로 볼 수 있다. 또한 기준 9번 "스트레스와 관련된 일시적 망상 또는 심한 해리증상이 있다"로도 설명할 수 있다.

자기애성 성격장애 Narcissistic Personality Disorder 의 주요 특징은 자아도취적
이고 자기중심적 성격, 과도한 찬사나 존중의 요구, 공감 능력 부족이다.
자신의 화려한 성공이나 권력, 아름다움을 확신하고 주변 사람에게 이에
대한 지속적 관심과 칭찬을 요구한다. 더 나아가 자신의 성취와 재능, 능력
을 과장하고 타인이 자신을 우월하게 보기를 원하며 거만한 태도를 보이기
도 한다. 또한 자신이 특별한 상위 계층에 속했다고 생각하고 같은 계층의
사람만이 자신을 이해할 수 있다고 생각해, 자신의 기준을 충족하는 특정
한 사람을 골라서 관계를 형성한다.

5

공감 능력이 떨어지는
자기애성 성격장애

타인의 감정에 관심이 없고 공감하지 못한다. 자신의 목적을 이루기 위해 타인을 이용하기도 한다. 자신에 대한 과도한 찬사를 당연시하다보니 타인에게 맥락에 맞지 않거나 과한 질투심을 느낀다. 자신을 시기하고 질투한다고 생각하기도 한다. 자존심이 높은 듯 행동하지만 자존감이 취약하기에 사소한 비판에도 극도로 예민하게 분노를 표출하고 쉽게 상처받는다. 과도한 자아도취로 인해 한번 받은 마음의 상처가 아주 오랫동안, 깊게 남을 수 있다. 내적인 나약함을 감추고 자신의 가치를 높이고자 타인을 무시하거나 무례하게 대한다.

T 군은 어머니 N 씨를 흉기로 찔러 살해한 뒤 사체를 집에 8개월 동안 방치했다. 이웃 주민들에 따르면 중년 여성인 N 씨는 평소 아들을 사육하듯 양육했다고 한다. 이 사건은 N 씨의 학대를 참지 못한 아들 T 군이 어머니를 잔혹하게 살해한 존속살해 사건이다.*

이 사례는 가해자 T 군의 일인칭 시점으로 서술했다. T 군은 자기애성 성격장애로 추정할 수 있는 어머니에게서 오랜 시간 육체적, 정서적 학대를 받아왔다. T 군이 느껴온 고통과 분노, 좌절과 절망감을 구체적으로 전달하고자 T 군의 일인칭 시점을 선택했다. 자신의 행동을 객관적으로 보지 못하고 타인의 피드백을 인정하지 않는 N 씨의 투사가 만들어낸 모자 사이의 갈등이 존속살해로 이어진 사건이다.

* 해당 사례는 실제 사건과 일부 비슷한 부분이 있으나 인명, 지명, 직업 등 구체적 내용을 모두 가공했음을 밝힙니다.

N 씨에 대하여

 "성적표 가져와." 학교 수업을 마치고 집에 들어서자마자 팔짱을 낀 엄마가 다가왔다. 오늘 모의고사 성적표가 나온 걸 귀신같이 안다. 하아, 완전히 망했다. 전국 5,000등……. 지난 시험 등수보다 더 많이 떨어졌다. 엄마가 노발대발할 게 뻔해, 학교에서 성적표를 조작해왔다.

 전국 50등 정도면 엄마가 그냥 넘어갈 거란 예상은 지난번 모의고사에서 보기 좋게 빗나갔다. 이번엔 50등보다 훨씬 더 떨어진 등수를 지난번과 같은 50등으로 고쳤다. 조작된 성적표를 본 엄마는 역시나 미간을 찌푸리더니 곧바로 나를 째려보았다.

엄마 야! 이거 뭐야! 이게 성적이야!

나 아, 또 뭐가…….

엄마 미쳤냐? 내가 전국 1등 하랬지! 50등? 너 그딴 성적으로 어디 갈 건데? 내가 무조건 서울대 법대 가랬지! 서울대 못 가면 진짜 국물도 없을 줄 알아!

나 성적이 안 오르는 걸 나보고 어쩌라고…….

계속 노발대발 소리 지르는 엄마를 뒤로 하고 방문을 "쾅" 닫았다. 하, 너무 지겹다. 맨날 전국 1등, 서울대 법대……. 그렇게 가고 싶으면 자기가 공부해서 갈 것이지, 왜 자꾸 나한테 강요하는지 모르겠다. 교복을 갈아입으려는 찰나에 엄마가 소리를 지르며 방문을 열었다. "너 안 되겠다. 요새 좀 덜 맞았지? 이리 와!" 엄마 손에는 야구방망이와 골프채가 쥐어 있었다. 젠장, 맞는 건 죽도록 싫지만 지금 안 맞으면 엄마는 새벽 내내 소리 지르며 욕할 게 뻔하다. 차라리 맞는 게 낫다.

나는 엄마랑 둘이 산다. 엄마는 우리나라에서 최고로 손꼽히는 대학을 나왔지만 지금은 전업주부이다. 엄마와 대학 동기 커플이던 아빠는 현재 우리나라에서 제일 큰 대기업에 다닌다. 남들이 보기에 우리 가족은 부러움의 대상이다. 하지만 실제 우리 집은 지옥이다. 지난해 이사 승진에서 미끄러진 아빠를 엄마는 경멸했다. 남편과 아들을 성공시키기 위해 다니던 직장까지 그만두고 결혼을 했건만, 아빠는 언제나 엄마의 기대에 미치지 못하는 낙제점만 받았다. 매일 싸움이 이어졌다. 내 기억 속에 아빠는 언제나 엄마의 끔찍한 잔소리에 주눅 들어 있었다.

아빠 여보······. 내일 나 친구들 만나는데 용돈 좀······.

엄마 무슨 돈? 또 밤늦게 들어오려고?

아빠 일찍 올게. 동문회란 말이야.

엄마 무슨 말 같지도 않은 소리야! 지난번에도 동문회 간다고 했잖아!

아빠 지난번엔······. 이번에는 고등학교······.

엄마 됐어! 나는 생활비가 빠듯해서 친정에도 못 가는데······. 당신은 웬 동문회야!

아빠 아, 그러니까 당신도 친정도 가고······. 하고 싶은 것도 해.

엄마 내가 그럴 시간이 어디 있어! 애 학원도 데려다줘야 하고······.

  싸우는 레퍼토리는 늘 비슷했다. 엄마는 언제나 아빠와 나를 위해 헌신한 인생사를 들이밀며 옥죄고 아빠는 늘 엄마의 잔소리에서 도망치려고 했다. 이사 승진 대상자에서 누락된 아빠에게 크게 실망한 엄마는 땅이 꺼지게 한숨을 쉬며 들볶았다.

엄마 당신 이거 뭐야! 이 카드 명세서 뭐냐고!

아빠	아 뭐가 또……. 친구랑 술 마신 거야. 술도 못 마셔?
엄마	돈도 없으면서 비싼 술집에 간 거지? 미쳤어?
아빠	사회생활 하다보면 그럴 수도…….
엄마	일도 제대로 못하는 사람이 웬 친교 타령?
아빠	맨날 얻어먹을 순 없잖아.
엄마	나는 맨날 한 푼이라도 아끼려고 애쓰는데……. 승진도 못 하면서 한턱은 무슨……. 주제에 체면은!
아빠	뭐라고! 나도 한다고 했어! 죽어라 해도 인정 못 받는 건 당신 닦달 때문에 선후배 관계를 못 챙긴…….
엄마	실력이 안 되면 실력이 없다고 해. 웬 관계 타령이야! 맨날 지질하게 사니깐 인정을 못 받는 거잖아!
아빠	지질? 그게 다 누구 때문인데!
엄마	그게 나 때문이라고? 당신 친구 ○○ 씨는 승진을 잘만 하던데! 본인 탓이지 누구 때문이야?
아빠	정말 듣자 듣자 하니깐…….
엄마	그래 나도 더 이상은 못 참겠어! 맨날 넋 놓고 집에 들락날락하는 당신 꼬락서니도 못 보겠고, 구멍 난 통장 채우는 것도 못 해먹겠고…….

엄마는 결국 지쳤다며 아빠에게 자신이 결혼 전에는 얼마나 귀한 사람이었는지, 결혼한 뒤 전업주부 생활 십수 년 만에 얼마나 깊은 나락으로 떨어졌는지, 평소와 똑같은 레퍼토리를 읊으며 통곡했다. 아빠는 그때마다 집을 나가 수 시간 동안 휴대전화 전원을 꺼놓았고, 나는 엄마의 닦달에 못 이겨 아빠를 찾아 나서곤 했다. 지난해부터는 아빠가 부부싸움을 한 뒤 며칠씩 집을 비우기 시작했다. 추측건대 술집 아니면 할머니 댁에서 지냈겠지만 엄마는 더 이상 아빠를 찾지 않았다. 우리보다 잘사는 큰아버지 댁에 전화를 걸어 아빠를 찾는 일이 엄마의 자존심을 들쑤셨는지, 이젠 그런 노력조차 하지 않았다. 그 대신 아빠가 화내고 집을 나가는 날에 나를 붙잡고 하소연했다. 그러고는 지난해부터 내 성적에 더더욱 관심을 보이며 아빠 같은 '루저'가 되지 않으려면 서울대에 가야 한다고 닦달했다.

초등학교 입학 전부터 나는 동네 학원에서 공부를 잘하기로 꽤 유명한 아이였다. 우리 집 생활 수준으로 꽤나 부담스러운 학원비도 엄마는 아끼지 않고 투자했고 매달 나오는 학원 성적도 무척 중시했다. 초등학교에 들어가서도 방과 후에 평균 세 개의 학원을 매일 다녔다. 엄마는 학교 수업이 마치는 시간에 맞취 학교에 와서 학원까지 나를 데려다주었다. 그리고 도시락을 싸 와서 학원 수업 중간에 있는 짧은 쉬는 시간에 차 안에서 먹게 했다. 내가 다니던 초등학교는 사립학교라 중간시험, 기말시험을 봤는데, 그때마다 엄마는 친구 누구누구보다 성적이 잘 나와야 한다는 비교의 말을 내게 주입하듯 계속했다. 시험에서 틀린 문제 개수만큼 종아리를 맞으면서도 친구들과 비교당했다. 주변 아이들은 모두 내 경쟁자였고 그렇다보니 어릴 때부터 친구가 없었다.

엄마는 내가 중학교에 입학한 뒤 처음 받은 성적표에 충격을 받았다. 강북에서 공부를 곧잘 하던 내가 강남으로 이사한 뒤부터는 수학 성적이 좋게 나오지 않았다. 학원 수업을 마치고 밤늦게 집에 온 나에게 엄마는 새벽까지 복습할 것을 요구했다. 밤마다 엄마는 내 침대에 누워 나를 감시했다. 공부를 안 하거나 집중을 못 하면 골프채나 야구방망이로 때렸다. 엄마를 만족시키지 못하고 화나게 한 날은 아침밥도 먹을 수 없었다.

엄마를 기겁하게 만든 건 게임이었다. 친구에게 소개받은 게임을 몰래 하기 시작했다. 공부하는 척하며 방에 혼자 있을 때나 방과 후에는 학원 대신 PC방을 전전했다. 중학교 2학년 때부터는 게임 실력이 늘면서 함께 게임하는 친구도 많아졌다. 게임 실력으로 친구들 사이에서 인정받았다. 꽤 비싼 게임 아이템을 사기엔 엄마가 주는 용돈이 모자라 가끔 친구들의 돈을 빌리기도 했고 사촌 형들에게 지원받기도 했다. 그러던 중 결국 탄로가 났다. 사촌 형이 내게 빌려준 돈 때문에 큰어머니가 엄마에게 전화를 걸어 전부 이야기한 것이다.

엄마 뭐야, 너 지금까지 어디서 게임을 한 거야?

나 ○○ PC방…….

엄마 미쳤어? 고등학교 입학이 내일모레인데……. 대학은 어떻게 가려는 거야!

나 다른 애들도 다 하는데…….

엄마 요새 성적이 떨어진 이유를 알겠네. 그딴 건 할 짓 없는 백수나 하는 거지, 서울대를 가야 할 네가 할 일은 아니지! 너도 아빠처럼 지질한 직장인이나 될래! 서울대 법대를 가서 판사가 돼야지! 전국 1등을 해도 모자란 판에…….

나 어쩌라고……. 아무리 해도 성적이 안 오르는…….

엄마   더 노력해야지! 죽기 살기로! 삼수하고 사수를 해서라도 서울대를 가야지! 못 가면 망하는 거야. 창피해서 어떻게 얼굴 들고 살래? 온 집안이 다 서울대 나온 사람들인데……. 창피해서 이 엄마는 어떻게 얼굴을 들고 사느냐고! 서울대 법대 못 가면 너 죽고 나 죽는 거야!

   자식이 하루 종일 뭘 먹는지, 잠은 충분히 자는지, 학교생활은 잘하는지, 무슨 생각을 하고 사는지는 아무 관심 없이 엄마는 내 성적에만 집착했다. 아침부터 밤까지 자신의 기대에 맞추기 위해 장작 패듯 나를 다루면서도 밖에만 나가면 내 성적을 자랑했다. 정작 집은 돼지우리처럼 더러우면서……. 집에 사람의 온기가 느껴지지 않은 지 이미 오래이다. 맨날 욕하고 소리 지르고 때리고……. 너무 지긋지긋하다. 아빠가 집을 나간 뒤 나에 대한 엄마의 매타작은 더욱 심해졌다.

   집에서 이렇게 스트레스를 받고 화가 나도 속마음을 털어놓을 친구가 한 명도 없다. 어릴 때 집에 친구를 데려오자 엄마는 친구에게 대놓고 부모님이 뭐 하시는지, 연봉은 얼마나 되는지, 성적이 어느 정도인지를 물었다. 친구의 부모님 학벌이나 직업이 마음에 안 들거나 친구의 성적이 좋지 않으면 내게 이렇게 말했다. "친구도 수준에 맞게 사귀는 거야. 부모 학벌이 좋고 집안에 돈이 많아야 대화가 통하는 거라고. 우리 집 정도면 아무 사람이나 만나서는 안 돼. 앞으로 친구의 부모님은 학벌이 어떻게 되고 어떤 일 하는지 하나하나 따져가면서 만나! 집안에 돈 없고 멍청한 애들이랑은 상종도 하지 마!" 엄마 마음에 들지 않는 친구를 집으로 데리고 온 날 밤에는 또 훈계를 들으며 맞기도 했다. 그러면서도 엄마는 늘상 "다 너를 위한 일이야"라는 말을 덧붙였다. 그러다보니 게임 아이템을 구걸하는 녀석들 한둘만 있을 뿐, 내 주위에 남은 친구가 없었다.

엄마는 나를 독립된 인격체가 아니라 자기를 빛낼 수단이자 도구라고 생각하는 듯하다. 아들이 성공하고 출세를 해야만 커리어를 포기하고 전업주부로서 가정을 돌본 본인의 선택이 인정받고, 더 나아가 헌신적 엄마로 칭송받을 거라 생각하는 것 같다. 하지만 점점 숨통이 막혀온다. 나는 엄마의 노예가 아니다. 매 맞은 종아리와 엉덩이에서 나오는 진물을 감추는 것도 한계가 있다. 성적은 더 이상 오르지 않는다. 이틀 뒤는 학부모의 날이다. 엄마가 담임선생님을 만나면 성적표를 조작한 사실이 들통날 텐데…….

전국 50등이 아니라 5,000등인 사실을 엄마가 알면 나는 정말 맞아 죽을 것이다.

아, 엄마가 또 부른다. 미쳐버릴 것 같다. 엄마 손에 골프채가 들려 있다. 아, 또……. 허공에서 곡선을 그리며 내게 날아드는 골프채를 오른손으로 잡았다. 심장이 미친 듯이 뛰었다. 차가운 금속 골프채를 내 손으로 이리저리 휘두르는 느낌이 들었다.

정신을 차려보니 온몸이 피투성이였다. 이번에는 나만이 아니라 내 앞에 쓰러져 있는 엄마도 피투성이였다. 하나도 슬프지 않았다. 처음으로 해방감을 느꼈다.

범죄심리 프로파일링

위 사례는 훈육의 이름으로 행해진 언어적, 신체적 폭력을 견디지 못하고 어머니를 살해한 어느 고등학생의 범행 전후 기억과 사건을 재구성한 것이다. 피해자 N 씨는 가족 구성원을 자신의 명예를 빛내기 위한 도구라고만 여기는 극단적 자기애성 성격장애의 전형으로 보인다.

자기애성 성격장애로 추정되는 N 씨는 자기 존재에 대한 인식이 매우 과장되어 있다. 어릴 적부터 주변 사람에게 자신이 늘 부러움의 대상이라고 생각했다. 공부를 잘해서 서울대를 간 것은 사실이지만 자신의 성취나 재능을 현존하는 것보다 과장하여 생각했다.

남이 보기에 N 씨의 삶은 성공적이었지만 N 씨의 야망은 끝이 없었다. 남편은 대기업 이사가 되어야 했고 아들은 대한민국 최고 대학의 최고 학부를 가야 했다. 그래야만 자신이 선택한 전업주부로서의 삶이 성공을 거두는 것이고, 주변 사람에게 칭송받는 행복한 결혼 생활이 된다고 여겼다. 하지만 사회적으로 크게 성공하지 못한 배우자와 사춘기를 겪는 아들은 기준이 턱없이 높은 N 씨에게 그저 경멸의 대상이었다. N 씨는 배우자에게도, 자식에게도 애착을 느끼지 못했다. 가족이란 존재는 자신의 우월성을 입증하기 위한 도구로만 필요할 뿐이었다.

자기애성 성격장애를 지닌 사람은 주변 사람과의 관계가 원만하지 못하고 파탄에 이르기도 쉽다. 평균 이상으로 이기적이라 자기 자신밖에 모르기에 착취적 관계를 형성한다. 늘상 상호 비교하며 자신이 좀 더 나은 위치에 있다는 확인을 해야만 안심한다. 그렇다보니 이웃이나 가족 구성원들과도 깊은 인간관계를 맺지 못한다.

주위 사람들보다 더 높은 위치에서 군림하는 것이 자신이 가진 당연한 가치라고 생각하여 흔히 '갑질'의 주인공이 된다. 자신은 언제나 매우 특별한 사람이라 인식하고 과도한 칭찬을 요구하기 때문에 그렇지 않은 상황에서 불같이 분노한다. 간헐적 폭발성 장애, 즉 분노조절장애나 기분 관련 장애를 호소하는 이유도 허구적 자존감을 인정받지 못한다는 불만에 기인한 병리일 수 있다.

N 씨는 비극적 범죄의 피해자가 되었다. 자신의 소중한 가족, 특히 아들의 고통을 전혀 공감하지 못하고 몰아친 언행은 자신의 취약함을 보상하려는 잘못된 사고에서 기인했다고 추론할 수 있다. 고등학교 3학년인 아들이 서울대에 가지 못하면 아무것도 아니라는, '전부 아니면 아무것도 아니다'라는 이분법적 생각이 만든 비극이다.

범죄심리 해부노트

CONFIDENTIAL

연극성 성격장애 Histrionic Personality Disorder의 주요 특징은 격양된 정서와 주목받고 싶은 강한 욕구다. 과거엔 '히스테리성 성격장애'라고 불렸다. 언뜻 보기에 쾌활하고 극적이고 정열적이지만 정서 표현이 피상적이고 그 근거나 세부 내용이 모호하고 부족한 경우가 많다. 카메라가 켜진 세트장에 있다고 인식하고 행동하며 '자신의 무대'를 지켜볼 누군가를 필요로 하고, 관심을 쏟고 성질도 다 받아줄 사람을 원한다. 자신에게 중요한 사람에게 매력적으로 보여야 하며, 그들에게 인정받고 칭찬받는 것을 삶의 목적 또는 사명으로 여긴다.

자기중심적으로 사고하기에 타인의 고통에 무관심하고 계속해서 주목과

6

정서를
과도하게 표현하는
연극성 성격장애

관심을 요구한다. 사회적으로 인정받고자 하는 욕구는 많지만, 그런 욕구를 실현하기 위한 노력은 하지 않는다. 만족스러운 결과를 얻으려면 인내하며 꾸준히 노력해야 하지만 그러지 않고, 목표를 이미 이룬 것처럼 거짓된 모습을 취해 스스로를 철저히 가장한다. 때로는 신체적, 정신적 고통을 과장하여 호소하는데, 이 같은 행위가 정당하다고 느낀다. 주변의 동정적 시각과 도움의 손길이 인정 욕구를 충족시켜주는 유인이 되기도 한다.

발생 원인으로는 가족의 죽음이나 질병, 부모의 불화 등 지속적으로 불안을 유발하는 성장 환경, 권위적이거나 히스테리성 성격의 양육자, 유전적 요인 등이 추론된다.

방송인 H 씨는 개인 SNS의 라이브 방송을 통해 지인의 사생활을 폭로하며 자신의 SNS 팔로 수를 늘려왔다. 지인들의 동의 없는 사생활 누설로 논란을 만든 H 씨는 향정신성의약품(프로포폴)을 남용한 혐의로 기소되었다.[*]

이 사례는 연극성 성격장애를 지닌 H 씨로 인한 여러 피해자 중 한 사람 T 씨의 일인칭 시점으로 서술했다. 성격장애를 지닌 사람은 대부분 자신의 성격적 어려움을 인식하지 못하므로 주변 사람을 곤란에 빠뜨린다. 특히 연극성 성격장애를 지닌 연인이나 지인이 있다면, 그의 언행을 객관적으로 판단하며 행동할 수 있을까? 피해자 T 씨의 시각으로 H 씨를 바라보면 그 답을 찾아나갈 수 있다.

• 해당 사례는 실제 사건과 일부 비슷한 부분이 있으나 인명, 지명, 직업 등 구체적 내용을 모두 가공했음을 밝힙니다.

H 씨에 대하여

"너, VIP 병실에 있는 H 씨에게 마음 있냐? 정신과 의사로서 윤리 규정에 어긋나는 거 알지?" 선배의 말에 심장이 내려앉는 기분이 들면서도 반항심이 불쑥 생겼다. "아, 선배. 그분이랑은 정말로······. 진심이에요. 조만간 퇴원하면 정식으로 결혼할 계획까지 세웠단 말이에요." 자살 시도를 하여 입원한 불쌍한 그녀와의 조건 없는 사랑을 이야기하며 그녀를 변호하는 내가 안타깝다는 듯이 쳐다보던 선배는 비밀 이야기를 하듯 속삭이며 말했다. "솔직히 말해서, H 씨에 대해 자세히 아는 거 하나라도 있어? 입원한 이유가 뭔지 알기는 해?" 그녀의 과거가 왜 문제라는 걸까? 사랑스럽기만 한 그녀를 사람들은 왜 색안경을 끼고 볼까?

하지만 막상 선배의 말을 듣고 H와 나눈 대화를 되새기다보니 점점 심란해졌다. H를 알고 지낸 3개월 동안 거의 매일 대화를 나눴건만 막상 집중해서 떠올리려고 하니 H의 해맑은 웃음과 미래를 노래하는 목소리만 생각날 뿐, 개인적인 과거 이야기는 전혀 떠오르지 않았다. '아무려면, 그렇지' 하는 눈빛으로 나를 보던 선배는 그녀가 마약을 사용하고 유통하다가 발각되자 저지른 극단적 행동으로 구속 대신 입원했다고 말했다. 이뿐만이 아니었다.

하나둘 접한 이야기는 무척 충격적이었다.

어디선가 들었던 것처럼, H는 본인이 유복한 집안에서 자랐으며 이름만 들어도 모두가 알 만한 유명 연예인들과도 SNS로 관계를 맺었다고 했다. 자기 관리를 못하는 사람으로 가득한 정신병원에서 H의 방은 유달리 청결했다. 좋은 향까지 나기로 유명했으며 몇몇 환자는 그녀를 '공주님'이라고 부르기도 했다. 담당의와 상담할 때마다 H는 화려하고 짙은 화장을 하고 신경 써서 고른 듯한 액세서리를 착용해 사람들의 이목을 끌었다.

병원에서 일하는 스태프들은 비밀스럽게 H의 SNS를 팔로하고 있었다. 직접 이야기를 나누지는 않았어도 그녀의 SNS 라이브 방송을 보며 그녀의 방에서 일어나는 일을 접했다. 선배는 내가 H와 나눈 이야기도 그런 식으로 알게 되었다고 했다. 이뿐만 아니라 오늘 어떤 약을 처방받았으며 의사와 어떤 이야기를 나누었는지 등을 라이브 방송을 시청하는 불특정 다수에게 말한다고 했다. 자신이 과거에 만난 남성이 얼마나 비열했는지, 돈이 얼마나 많았는지, 어느 배우가 자신에게 관심을 표했는지 등 그녀의 이야기 속 남성들은 겹치는 이름 없이 다양했으며 소재 역시 풍부했다. H는 대중이 자신의 이야기 속 주인공이 누구인지 궁금해할 것이라 생각했는지 논란이 될 만큼 노골적 이야기와 적당한 신원을 노출했다. 또한 외로움과 우울함을 호소하기도 했는데, 많은 사람이 H의 이야기에 동정을 표하고 응원의 메시지를 남겼다.

H를 순진하게만 생각하던 나는 처음 그녀의 실체에 대한 이야기를 들으며 정신을 차릴 수 없었다. 이야기의 주인공이 내가 알던 H인지 재차 확인했다. 그들이 전하는 H에 대한 목격담을 통해, 나는 지금까지 내가 경험한 모습과는 너무 다른 H의 모습을 알게 되었다.

병원의 남성 의료진들 중 한둘은 나에게 넌지시 "T, 네게도 H 씨가 뜬금없이 성적 농담을 던지지 않았어?"라고 물었다. 내가 H와 성적 이야기까지 나누는 특별한 관계로 인식하는지 떠보는 질문인 듯했다. 다소 사적인 질문이었기에 공격받은 기분이었지만 내게만 하는 말이 아니었다는 생각에 자책감이 들었다. 자살 시도 때문에 입원했다고만 알던 나는 H의 성격장애 가능성에 대해서는 깊은 고민을 하지 않았기 때문이다. H는 자신이 자극적 농담을 느닷없이 던졌을 때 상대방이 호응하면 좋아하지만 정색하거나 거절하면 눈에 띄게 당황하면서 "장난인데 왜 과잉반응해요" 하며 화를 낸다고 했다. 이런 반응 특징은 상대에게 성적으로

103

어필하려는 연극성 성격장애의 주요 증상일 수 있음에도 신참이었던 나는 눈치채지 못했다. 해당 병실 스태프들은 H가 이럴 때마다 담당의에게 보고하라고 조언했다. 이런 행동 패턴 때문에 진료실에서 곤란한 상황에 처하거나 행동 개선에 진전을 보기 어려워 손을 뗀 전공의가 많다는 전언과 함께.

이후 나는 H를 관심 있게 지켜봤던 또 다른 의료진에게서 그녀의 가족에 대한 이야기를 들었다. H가 입원하는 날, 잠시 병원에 있다 간 부모는 이후 면회를 오지 않았다고 했다. 부모가 국내외에서 벌어지는 업무나 집안 행사마다 데리고 다니면서 얼굴 자랑을 해서 H가 광고나 방송에 아역으로도 자주 캐스팅이 됐고 모델 일도 많이 했다고 한다. 부모는 H의 윤택한 생활 유지를 위해 금전적 지원은 해줬지만 진정 필요한 관심은 주지 않았다는 인터뷰 내용도 많았다.

지난달 그녀와 나눈 로맨틱한 대화가 떠올랐다. "지난여름 어느 강가에서 봤던 그 노을, 베네치아, 당신과 함께 다시 가고 싶어요." 그녀는 입원하기 전 갔던 외국 여행지에서 바라본 노을이 아직도 아른거린다고 했다. 여길 나가면 둘이서 꼭 베네치아에 가자고 약속했던 H의 목소리가 귓가에 쟁쟁했다. 설마 그 말도 거짓일까. 한없이 허탈하고 마음이 아파왔다.

"적절한 관심과 치료를 받은 뒤 퇴원할 때쯤이면 H의 증상이 좋아지지 않을까요?" 내 희망찬 물음에 선배들은 웃음을 터트렸다. 수많은 연예 기사를 본 적 없냐고 내게 묻는 그들은 H의 자살 시도가 사실 마약 범죄와 깊은 관련이 있으며 일종의 형사처벌에 대한 회피수단으로써 입원한 게 이번이 처음이 아니라고 짚어줬다. 초기에는 사람들의 관심을 끌기 위해 논란이 생길 수 있는 내용을 SNS에 일부러 올렸다고도 했다. 헤어진 연인이 자고 있는 모습이 담긴 사진과 함께 이별의 이유와 같은 사적 내용을 올리거나 과도하게 노출한 사진을 올리는 일도 있었다고 한다. 전 남자친구의 사생활이나 문제가 될 수 있는 사진을 본인의 허락 없이 공개하는 행동이 논란이 되었을 때 "연예인이라는 직업은 타고난 관종이어야 할 수 있는 일이에요. 여러분의 관심은 제 인기 척도이고 어떤 방법으로든 사람들이 알아주면 이 업계에서는 성공할 수 있어요. 저를 보세요"라는 내용을 공공연하게 인터뷰해서 이름을 더 크게 알렸다고 한다. H는 기업들의 은밀한 스폰을 받았고 그중에는 마약 딜러들도 있었다고 한다. 그녀 주변에 있던 친구들은 언제나 마약을 제공했고 H 역시 일하면서 만난 새 친구들에게 위험한 즐거움을 나눠줬다. 그녀의 말에 의하면 평범한 방송인으로는 만날 수 없는 거물들과 마약을 통해서 친해졌다고 한다. 그녀 입장에서는 마약이 높은 사회적 위치를 누릴 수 있게 하는 기회의 사다리였던 셈이다.

입원 때부터 H를 살펴온 수간호사는 "그게 자기 지옥 구덩이인지도 몰랐던 거지"라고 말하면서 H의 병실을 안타깝게 쳐다봤다. 마약 유통책으로 잡힌 뒤 자살 시도를 했고 그래서 입원당했던 초기, 그녀는 마약의 후유증으로 비명을 지르고 몸을 심하게 긁기도 했다. 퇴원시켜달라는 요구를 관철하고자 여러 스태프와 사적으로 친밀한 관계를 만들기도 했다. 병동 입원 환자와의 사적 관계는 병원 근무자 규정 위반으로, 남성 직원 여럿이 병원을 그만두었다고도 했다. "T, 너도 이제 정신 좀 차리고 규정대로 환자와의 관계는 정리해! 어차피 H 씨는 너랑 미래를 생각해본 적도 없을 거야."

그녀와 노을 지는 바닷가를 거닐 계획을 세우며, 은밀한 이야기를 나누던 내 어리석음에 불현듯 자괴감이 몰려왔다. 만약 그녀의 과장된 감정이나 나에 대한 친밀감 표현이 성격장애에서 기인한 것임을 알아챘더라면, 나는 그녀를 사랑하지 않았을까? 씁쓸했다.

범죄심리 프로파일링

위 사례는 연극성 성격장애를 지닌 H 씨를 담당한 의료진 T 씨의 이야기이다. 흔히 자신이나 타인에게 심각한 어려움과 심리적 고통을 유발하는 성격장애의 특징과는 달리 이 사례는 피해자라고 지칭할 대상이 없는 것처럼 느껴질 수도 있다. 그러나 그녀를 진정으로 사랑하고 아꼈던 사람이 진심을 기만 당한 뒤 겪을 절망이나 좌절 역시 피해라고 볼 수 있다.

사례에서 '나'인 T 씨는 H 씨와의 대화보다 타인에게서 H 씨에 대해 더 많은 정보를 얻는다. 병원 생활을 비롯한 일상 대화와 달리 H 씨는 자신에 관한 개인적이거나 진실된 정보를 제공하는 것을 극도로 꺼린다. 심지어 대부분이 거짓말이다. H 씨의 이야기에는 많은 남성이 등장하지만 의미 있는 상대로서 묘사되는 인물은 단 한 명도 없다. 거물이라고 할 수 있는 유명 연예인들과 법조계 사람들 또한 자신을 대단한 사람으로 내세우기 위한 도구일 뿐, 누구와도 실제 신뢰 관계를 맺지 않았다.

'지난여름 어느 강가에서 봤던 그 노을, 베네치아, 당신과 함께 다시 가고 싶어요'라는 식의 연극 조 발언은 연극성 성격장애를 지닌 사람에게서 도드라지는 발화 패턴이다. 물론 그녀의 이런 태도를 성격장애에 기인한, 어쩔 수 없는 특징이라고 가볍게 여길 수도 있다. 하지만 이런 유형의 성격장애를 지닌 지인에 의하여 수억 원의 경제적 손실을 입은 피해자가 있다면 억울하기 짝이 없는 노릇이다. 더욱이 이 같은 연극 조 이야기를 내뱉은 자신도 스스로 자신의 말이 거짓말임을 잘 안다. 특히 여성인 H 씨는 부적절한 성적 농담을 던지고 상대의 반응을 살폈다. 자신의 이야기를 잘 받아주지 않으면 자주 짜증을 부리기도 했다. 이는 상대방의 부정적 반응이 자신에 대한 거절, 더 나아가 자신을 유기한다고 불안감을 느끼기 때문에 발생하는 반응이다. 정서적 불안정성은 자신의 실제 삶을 과장되게 인식하여 그에 부합하지 않으면 격앙하고 화를 내는 모습은 연극성 성격장애로 추정되는 사람에게서 흔히 볼 수 있는 모습이다.

H 씨는 유복한 가정에서 어른들에게 외모에 대한 칭찬을 받으며 자랐다. 부모와 함께 국내외를 오가며 다양한 사

람들 앞에서 부모가 자신을 자랑하는 얘기를 듣고 사람들로부터 '예쁘다' '귀엽다' 등의 찬사를 받아왔다. 특히 방송에서 아역으로 연기할 기회를 얻으면서 대중에게 더욱 매력적으로 보이는 방법도 배웠을 것이다. 그러나 동시에 부모로부터 방치되었고 칭찬은 부족했고 인정 욕구는 채워지지 않았다. 관심을 끄는 방법을 잘 알게 된 H 씨에게 SNS라는 플랫폼은 자신을 자랑할 멋진 수단이었다. 라이브 방송에서 자신의 비밀스러운 이야기를 유출하거나 논란이 되는 행동을 함으로써 대중의 관심을 쉽게 끌어냈다. 첨단 기술이 공허한 H 씨의 자아를 채우는 매우 훌륭한 도구가 된 셈이다.

리플리 증후군

연극성 성격장애를 지닌 사람의 문제 행동이 증후군*으로
지칭되는 경우도 많다. 바로 '리플리 증후군'이다.

리플리 증후군의 특징은 현실을 부정하면서 마음속으로
꿈꾸는 허구의 세계를 진실이라 믿고 거짓된 말과 행동을
반복하는 것이다. 2007년 S 씨의 학력 위조 사건을 영국의
일간지 〈인디펜던트〉가 보도하면서 우리나라에 알려진 증
상이다. 이후 유명 방송인, 영어 강사 등 다수의 학력 위조
사건들이 세간에 알려지면서 능력보다 학벌이 중요시되는
한국 사회의 병폐에 기인한 '한국형 리플리 증후군'이 화제
가 되었다.

리플리 증후군이 범죄와 관련된 사건으로는 영구 미제로
남을 뻔했던 '밀실 살인사건'이 있다. 밀실 살인사건의 피
의자 P 씨는 피해자 K 씨와 여고 동창 사이였다. 퇴근한 뒤

* 공통성 있는 일련의 병적 징후를 나타내는 의학 용어.

집에 돌아온 K 씨의 남편은 아무리 초인종을 눌러도 집에 인기척이 없자 걱정하며 P 씨를 불렀다. 집 안으로 들어갈 방법을 찾던 P 씨는 복도 쪽 창문 틈으로 K 씨의 손가방을 찾았고 그 안에 들어 있던 집 열쇠를 꺼내 K 씨의 남편과 함께 집 안으로 들어갔다. 집에는 올가미에 목이 졸려 숨진 K 씨, 베개로 얼굴이 짓눌려 숨진 딸아이 그리고 검은 봉투에서 숨져 있는 신생아인 막내가 발견됐다.

당시 출동한 경찰은 집 내부에 강제로 침입한 흔적도, 방범창이 손상된 흔적도 없으며 K 씨가 자살을 할 만한 정신 병력도 없었기에 면식범의 소행으로 여기고 수사했다. 알고보니, 사건 현장은 사실 P 씨가 공을 들여 만든 것이었다. P 씨의 손에서 발견된 작은 상처와 범행에 사용된 이불 조각을 집 안에서 찾아내지 못했다면 범인을 밝힐 수 없었을 것이라고 한다. 범행을 자백한 P 씨는 K 씨의 남편과 외도를 하고 있었으며 놀라울 정도로 희생자들에 대해 죄책감을 전혀 보이지 않았다. 되레 당당하게 사건의 책임이 K 씨에게 있다는 태도를 보였다.

P 씨는 학창 시절부터 K 씨가 자신보다 열등하다고 생각

하며 우월 의식을 느꼈다고 한다. 하지만 시간이 지나 동창회에서 만난 K 씨가 자신이 바라던 이상형의 남성을 만나 두 자녀를 둔 행복한 가정을 이뤘다는 점 때문에 P 씨는 K 씨를 질투했다. 자신은 이루지 못한 이상을 자신보다 모자란다고 생각한 K 씨가 이루자 견딜 수 없었고 이를 빼앗은 것이다.

프로파일러들은 피의자 P 씨가 리플리 증후군 그리고 연극성 성격장애일 것이라고 분석했다. P 씨는 타인에게 이상적이고 완벽하게 보여야 했을 자신의 인생이 K 씨의 들러리에 불과하다는 생각이 들자 견딜 수 없었던 것이다.

사건의 전말이 밝혀지고서 아내와 자식을 모두 잃고, 그 살인범이 상간녀임을 알게 된 K 씨의 남편은 자살 시도를 했다고 알려졌다. 아내의 친구와 외도를 하던 시절에는 이런 끔찍한 결말을 상상도 못 했을 것이다. P 씨는 무기징역을 선고받아 복역 중이다.

반사회성 성격장애Antisocial Personality Disorder의 주요 특징은 타인의 권리를 무시하고 침범하는 것과 공감 능력 부족이며, 사이코패스나 소시오패스에게 나타나는 성격장애라고도 할 수 있다. 거짓말을 잘하고, 무모한 행동을 일삼으며, 자기중심적이다. 위험하고 위법한 행위에 대한 책임감과 도덕적 양심이 결여되어 있다는 점에서 다른 성격장애를 지닌 사람보다 타인에게 해를 가할 가능성이 아주 크다. 하지만 자신의 행위로 인해 생긴 피해자들의 감정을 공감하지 못하고, 오히려 받을 피해를 마땅히 입은 것이라 여긴다.

발생 원인으로는 유아기에 학대나 방임의 환경에 놓이거나 일관성 없는 훈육을 경험한 경우, 아동은 자신이 환영받지 못한 존재라 느끼고 자기도 모

7

인권을 무시하고 침해하는
반사회성 성격장애

르는 사이 부모의 가혹행위를 모델링하게 된다고 한다. 즉, 부모가 반사회적 행동을 하는 경우 아동이 이를 따라서 규칙을 위반하거나 타인의 권리를 무시하는 등 충동적이고 기만적 행동을 할 가능성이 커진다. 또한 아동기에 가난, 가정폭력, 부모 사이의 극심한 갈등 등 스트레스에 많이 노출되어 반사회적 성격장애를 지니게 되었을 것이라는 의견도 있다. 성장기에 적절한 애정이나 지지, 도움을 받지 못하여 느끼는 애정 결핍이 기본적인 신뢰 상실로 이어진 것이다. 이처럼 지지 체계를 상실한 개인은 도움을 받거나 협조를 해야 하는 상황에서 오히려 물러나거나 주변을 적대시할 수 있다.

A 씨는 별거 중인 아내를 찾아가서 잔혹하게 살해하고, 논두렁에 사체를 유기했다. 자신이 차고 있던 전자발찌를 끊고 달아났지만 결국 경찰에 붙잡혔다. 그는 상해치사에서 살인죄로 죄명을 변경한 경찰에게 항의하고자 유치장에서 금속 이물질을 삼켰으나 수술받고 회복 중에 재판을 받았다. 후에 무기징역을 선고받았으며 현재 수감 중이다.[*]

이 사례는 피해자 동생의 일인칭 시점으로 서술했다. 언니처럼 목숨을 잃지는 않았으나 동생도 A 씨로부터 정신적, 육체적 폭력의 피해를 경험했다. 반사회성 성격장애를 지닌 사람에게서 고통을 받는 피해자는 오랜 시간 공포와 불안감 속에서 지낸다. 언니가 살해된 이후, 재판 상황까지 지켜본 동생 입장에서 안타까운 이야기를 정리해보았다.

---

* 해당 사례는 실제 사건과 일부 비슷한 부분이 있으나 인명, 지명, 직업 등 구체적 내용을 모두 가공했음을 밝힙니다.

A 씨에 대하여

늦은 저녁 식사로 무엇을 준비할지 고민하는데, 전화벨 소리가 날카롭게 울렸다. 전화를 받으니 술에 취해 정신을 잃은 듯, 언니의 배우자 A 씨가 횡설수설한다. 뭐, 맨정신일 때보다 취할 때가 더 잦았으니 평소와 다름없다고 말해도 과언이 아니다. 이런저런 생각을 하는 사이, 그의 언성이 점점 높아지더니 언니에게 욕설을 퍼붓기 시작했다. 전화기 너머로 A 씨 옆에 있던 언니의 울먹이는 소리가 들려왔다. 밤늦은 시간이었지만 언니에게 달려갔다.

며칠 전 A 씨가 평소 자주 어울리던 임씨 아저씨와 술을 마시다가 시비가 붙었고 행패로 이어져 파출소에 잡혀갔다. 취해서 흥분을 가라앉히지 못하는 A 씨를 본 임씨 아저씨가 경찰과 언니에게 말했다. "저건 진짜 쓰레기다. 아무리 배우자가 자신을 업신여겨도 맨날 술만 처먹으면 지 배우자를 죽여버린다는 얘기나 하고! 나한테 돈을 줄 테니 지 마누라를 죽여달라고……." 하루 이틀 들은 이야기가 아니라며 돈을 준대도 사람은 죽이지 않겠다고 하자 자신에게 주먹질을 퍼부었다고 했다. 그런 꼴을 보면 평소 배우자에겐 어떻게 행동하겠느냐며 임씨 아저씨가 격양된 목소리로 말했다. 흥분한 임씨 아저씨를 진정시키며 경찰은 해당 사건은

A 씨와 임씨 아저씨 사이에 일어난 단순 음주폭행으로 훈방 처리하겠다고 말했다. 그간 수차례 신고당해 경찰서에서는 익숙한 인물인 A 씨의 폭력 습벽을 경찰은 그 당시에도 대수롭지 않게 여겼다. 동네 주민들은 술에서 깨어나 이제는 순하게 웃어 보이기까지 하는 A 씨에게 "또 술을 마신 거냐" 혀를 차며 질책하곤 지나갔다. 다들 술이 문제라고만 여겼다.

언니가 처음부터 A 씨의 폭행에 무력했던 것은 아니다. 연하의 남성을 중년도 훌쩍 넘긴 나이에 배우자로 맞이하겠다고 선언할 때만 해도 언니는 매우 활기찬 모습이었다. 연하의 애인이 보여준 정성스러운 구애에 감동한 언니는 A 씨를 가족에게 자랑스럽게 소개했다. 전과가 있는 전자발찌 착용자라는 사실에 찜찜했지만 과거를 반성하고 언니를 행복하게만 해준다면 그리 중요하지 않았다. 하지만 혼인신고를 한 지 불과 몇 달 만에 A 씨의 행동은 180도 돌변했다. 가정폭력으로 A 씨를 수차례 신고한 언니도 도망치는 일이 쉽지 않다며 점점 무력해져갔다.

이러한 정황을 알게 된 나는 언니에게 이혼을 종용했다. 하지만 언니는 A 씨가 무섭다며 감히 합의 이혼 이야기조차 꺼내지 못했다. 언니의 불행을 견딜 수 없었던 나는 언니의 만류에도 불구하고 변호사 사무실을 찾아가 A 씨의 폭행이 이혼 사유가 될 수 있다는 점을 확인했다. 하지만 내가 변호사 사무실을 찾아갔었다는 이야기를 전해 들은 A 씨가 내게 찾아왔다. 만취한 그는 우리 집 살림살이를 다 부수고는 내게 "다시 한 번만 이혼 얘기를 꺼내면 죽여버린다"고 위협했다. 그리고 결국 사건이 벌어졌다.

눈이 부어올라서인지 시야가 흐리고 여러 사람의 다급한 목소리가 저 멀리서 아득하게 들렸다. 정신이 드는지 물어보며 내 입을 막고 있던 테이프를 조심스럽게 떼는 응급대원의 물음에 대답해야 했다. 다시금 치솟는 눈물과 가슴의 통증을 참고 말했다. "단 한 순간도 정신을 놓지 않았어요. 저는 깨어 있었어요."

소란스럽게 정리되는 현장에서 언니를 찾을 수가 없었다. "언니는요?" 쉰 목소리로 물어보았지만 그 누구도 언니의 생사를 알려주지 않았다. 그러나 나는 '언니가 결국 죽고 말았구나'라고 확신했다. 묶여 있던 손발을 푼 뒤 앰뷸런스를 타고 병원으로 이동하는 길에, 전에 파출소에서 본 경찰과 눈이 마주쳤다. 그는 내 눈을 피하더니 논두렁을 물끄러미 바라보았다. 그곳엔 누군가가 이불을 덮은 채 누워 있었다.

응급실에서 A 씨에게 맞아 멍들고 찢어진 곳을 치료받고 멍하니 앉아 있는데 한 여성이 찾아왔다. 그녀는 자신을 A 씨와 전처 사이에서 난 자식 중 한 명이라고 소개했다. 자신들은 오래도록 아버지의 폭력에 시달린 피해자이며 오랫동안 무자비하게 폭행을 당했음에도 외부의 도움을 전혀 받지 못했다고 했다. 다행히 아버지가 외도로 집을 떠났고 그로 인해 비로소 새 인생을 맞이했다고도 했다. 이후 자신을 비롯해 온 가족이 더 이상 두려움에 떨지 않고 살고 있다는 이야기였다. 얼굴이 편해 보였다. 그는 뉴스를 통해서 소중한 생명을 죽음에 이르게 한 아버지의 소식을 듣고서야 행동해야겠다는 결심이 섰다며 내게 사과했다. 나 또한 A 씨가 몇 시간 전에 체포되었다는 이야기를 듣고서도 여전히 무서웠기에 그녀의 두려움을 이해할 수 있었다.

A 씨의 딸은 보복이 두려워 실명을 감추기 위해 친구의 이름을 빌려 청와대 청원 게시판에 사건을 알렸다. 언니 사건에 대한 수사 과정을 포함해 나도 몰랐던 과거 피해자들의 이야기 등 전모가 담겨 있었다. A 씨는 언니와 결혼하기 전, 이미 결혼과 이혼을 수차례 했으며, 전 부인들에게도 지속적으로 외도를 의심하며 폭행을 가했다고 한다. 성적 학대도 계속하여 그중 일부 사건이 알려지면서 징역을 선고받고 출소 후 전자발찌를 찼다고 한다. "글

을 올리기까지 정말 힘들었을 것 같아요"라는 내 말에 그녀는 아버지에게서 이미 협박 편지를 받은 적이 있다고 말했다. 편지에는 자식들이 자신을 돕지 않는 것에 대한 비난과 사형 선고를 받을 수도 있게 만들어줘서 고맙다며 비꼬는 내용이 쓰여 있었다. A 씨가 출소하면 자신들을 죽여버리겠다는 협박이라며 그의 의도대로 낮은 형량을 선고받으면 청원에서 말하는 제2의 피해자는 무조건 자신일 거라면서 불안해했다. 아버지가 가해온 수많은 위협을 이겨내고 지금까지 생존해냈다는 그는 행복한 지금의 가정을 위해서라도 이 재판이 정의를 실현하는지 꼭 지켜보겠다고 했다.

나는 A 씨의 재판에 참석했다. 재판정에서 본 A 씨는 핼쑥해 보였고 기억보다 왜소한 모습이었다. 그런 그를 증언대에 세운 검사는 수많은 혐의를 나열했다. A 씨는 처음 듣는 이야기라는 듯한 표정을 지으며 앉아 있었다. 수많은 혐의를 받았지만 살인 혐의는 이번이 처음이기에 A 씨는 언니와 나를 폭행한 혐의를 굳이 부정하지 않았다. 하지만 절대 자신이 처음부터 언니를 죽일 의도는 없었다고 울며 말했다. "판사님, 제가 흥분해서 아내를 밀친 건 맞지만, 살해할 의도는 없었습니다. 죽기 전까지 아내와 합의

해 성관계도 맺었는데 죽일 이유가 있었겠습니까?" 자신의 혐의를 부정하는 말을 내뱉는 A 씨는 매우 억울해했고 죄책감에 휩싸인 듯 보였다. 내 눈엔 피해자의 고통은 개의치도 않고 연기하는 것으로 보였다. 며칠 전 언니와 내게 가한 폭력의 일부는 사실이 아니라는 듯 뻔뻔한 태도였다. 말을 마치고 피고인석을 나서는 그의 얼굴은 눈물의 흔적도 없이 말끔했다.

법원이 그의 바람대로 상해치사에 손을 들어줄 것만 같아 무기력함과 공포가 찾아왔다. 모든 상황이 A 씨에게 유리하게 흘러가는 것 같다는 비관적 생각을 멈출 수가 없었다. 언니의 죽음으로도 그의 극악무도함을 입증할 수 없는 걸까? 세상을 떠난 언니의 영혼에게 위안을 줄 정의는 존재하지 않는 걸까? 나와 또 다른 여성을 폭행할 A 씨의 모습을 상상하니 아직도 사건이 종결되지 않았다는 생각이 들었다.

재판부는 무기징역을 선고했다. A 씨가 언니를 비롯한 수많은 피해자를 장기간 폭행해왔고, 감정을 통제하기 어려워했으며 일상에서 충동 성향을 반복적으로 보인 점을 참작했다고 했다. 또한 범행 도구를 철저히 준비한 모습을 보면 살인과 성폭력 등 재범 위험성이 높다는 점이 인정되었다. 그리고 중형 선고를 바라며 국민청원 게시물을 올린 자신의 자녀들에게 협박 편지를 보낸 A 씨의 모습에서도 잘못을 인정하거나 피해자를 안타까워하는 감정이 전혀 보이지 않는다는 점도 판결에 영향을 미쳤다. 이에 법원은 해당 사건이 폭행치사가 아니라고 판단했다. 언니가 사망할 가능성에 대한 미필적 인식이 A 씨에게 있었다고 보았다. 판결을 받아들일 수 없다는 듯이 축 처진 어깨를 이끌고 법정에서 사라지는 A 씨의 모습을 보면서 나는 그제야 마음을 놓았다. 언니는 곁에 없었지만, A 씨로부터 해방감을 느꼈다.

범죄심리 프로파일링

집안에서 폭군이던 A 씨는 순박해 보이는 얼굴을 이용해서 이웃들이 자신의 말을 믿도록 거짓말하는 능력을 지녔다. 재판정에서도 A 씨는 자신의 범행을 입증하는 자료 앞에서 조금도 개의치 않고 거짓 눈물을 보이며 배우자를 죽일 의도가 없었다고 또다시 거짓 주장을 하는데 이는 반사회성 성격장애를 지닌 사람에게서 가장 도드라지는 특징이다.

A 씨는 주변 인간관계에서도 반사회적 면모를 보인다. 함께 어울리던 임씨에게 자신의 아내를 살해해달라고 거듭해서 강요하고 거절당하자 폭력을 가했다. 또한 그의 전 부인들과 성폭력 피해자들이 받은 피해를 '어쩔 수 없었던 것'이라고 생각하고 자신의 자녀를 폭행하는 등 친밀한 인간관계의 형성은 고사하고 기본 양심이 결여된 상태라는 점을 살필 수 있다.

반사회성 성격장애의 특징은 결과를 생각하지 않고 충동적이고 무모하게 행동한다는 점이다. A 씨의 경우, 배우자에게 이혼하라고 말한 처제 집을 찾아가 세간을 부수고 자주 어울리던 이웃에게도 행패를 부리며 폭력을 휘둘렀다. 구금된 유치장에서 담당 형사가 자신의 말을 따르게 하려고 내상을 크게 입을 수 있는 금속성 이물질을 삼키는, 극도로 무모한 행동을 하기도 했다.

수차례 결혼하면서 배우자를 비롯한 가족을 괴롭혔음에도 자신의 잘못을 인정하지 않으며, 오히려 주변 사람을 끊임없이 학대하고 괴롭혔다. 이러한 행실로 미루어보면, 15세 이전에 품행 장애로 진단받을 정도의 절도나 폭력 등

일탈 행동을 해왔을 것이라 추론할 수 있다. A 씨는 소년범으로 처벌받은 기록이 있었다.

재판정에서 A 씨가 보인 모습은 그가 얼마나 양심이 결여되어 있고 죄책감을 느끼지 못하는지를 보여준다. 배우자를 죽이고 처제를 폭행한 자신의 혐의를 부정하며 매우 억울해하고 죄책감에 휩싸인 듯 연기하는 모습과 피고인석을 나서며 아무렇지 않은 모습을 보이는 것 역시 반사회성 성격장애의 특징이다.

정신병질

과한 공격성이나 피해자에 대한 공감 능력 결여를 특징으로 하는 반사회성 성격장애를 설명하는 데 새로운 개념이 필요하다는 주장도 있다. 그리하여 반사회성 성격장애의 하위 유형으로 '정신병질psychopathy'이라는 새로운 개념이 만들어졌다.

싸움을 자주 일으키고 무책임한 사람을 흔히 '사이코패스psychopath', 우리말로는 '정신병질자'라고 부르는데 이는 반사회성 성격장애와 혼동되는 개념이다. 정신병질을 널리 알린 학자 로버트 헤어Robert Hare에 의하면, 사이코패스들은 반복적으로 거짓을 말하고 충동적 모습을 보여 안정적으로 생활하기 어렵다고 한다. 다만 반사회적 성격장애와 정신병질 모두 타인을 착취하고 위험하고도 자극적 행위를 서슴없이 한다는 공통점이 있다.

반사회성 성격장애 중 정신병질을 따로 하위 유형화 하여 구분하는 데는 그만한 이유가 있다. 반사회성 성격장애를 진단할 때는 아동기부터 품행 장애와 반사회적 행동 패턴을 보였는지 여부가 중요하다. 정신병질은 그중에서도 반복되는 비행 습벽보다는 정서적 특질, 특히 냉담함과 공감 능력의 결여 등이 더욱 뚜렷한 특징으로 나타난다.

뇌에 대한 연구가 활발해지면서 둘 간의 생물학적 차이에 관한 연구가 진행되어왔다. 정신병질의 발달에는 생물학적 요인들이 영향을 준다는 점도 지지되고 있다. 연구자들은 반사회성 성격장애를 지닌 사람 중 3분의 1에 해당하는 사이코패스가 보통 사람보다 세로토닌 활동이 저조하며 전두엽 실행 기능, 편도체의 활성화 수준이 더 낮다고 밝혔다. 이러한 생물학적 특성은 '냉혈한'과 같은 품성과 밀접히 관련 있다고 여겨지는데, 그들의 공감 능력 결여가 여기서 유래한다고 간주된다.

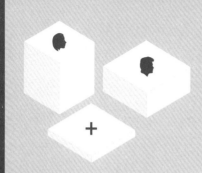

회피성 성격장애
부정적 평가에 과민하다.

의존성 성격장애
이별에 공포를 느낀다.

강박성 성격장애
완벽한 규율과 통제에 열중한다.

Ⅲ

의존적이고
회피적인
C군 성격장애

CONFIDENTIAL

회피성 성격장애Avoidant Personality Disorder의 주요 특징은 사회적 억제, 부적절, 부정적 평가에 대한 과민성이다. 조현성 성격장애를 지닌 사람과 달리 사회적 욕구가 강한 편이다. 불행히도 여러 측면에서 불안의 정도가 높아 사회적 상호작용을 피하며, 특히 새로운 인간관계를 시작하기 어려워한다. 타인이 자신을 비난할 거라 예상하며, 사소한 반대나 비판도 막중하게 받아들여 상처받는다. 또한 자신의 단점에 집착하여 자기존중감이 낮고, 스스로를 부적절하다고 느끼는 등 자기혐오를 보인다. 자신이 자발적으로 고립을 선택했다고 인식하며 사회적 상호작용을 회피한다.

8

부정적 평가에
과민한
회피성 성격장애

발생 원인은 다양한 유전적, 환경적, 기질적, 인지적 요인에 기인한다고 알려져 있다. 유전될 확률은 60퍼센트 이상으로 높은 편이며, 변연계와 자율신경계의 이상으로 인해 교감신경계의 역치가 낮아져 위험에 대해 생리적 민감성이 과도하게 나타나는 것이 원인이라는 주장도 있다. 어린 시절 부모의 방임과 부모에게 지속적으로 거부당한 경험 등 환경적 요인으로 인해 자신에 대한 부정적 신념이 형성되면 회피성 성격장애의 증상이 계속 나타난다고 한다.

A 씨는 '엄마가 나를 죽이려 한다'라는 생각이 들어 흉기로 어머니를 공격한 뒤 "엄마가 다쳤어요. 도와주세요"라고 신고 전화를 했다. 상해를 입은 A 씨의 어머니는 응급실로 옮겨졌으나 결국 숨졌다.*

이 사례는 삼인칭 시점으로 서술했다. 회피성 성격장애로 추정되는 20대 A 씨의 성장 과정부터 존속살해 사건까지의 기록을 살펴보고자 삼인칭 시점을 택했다. 어려움을 직면하지 못하고 미해결된 감정이 응어리로 쌓여서 결국 갈등과 오해의 덩어리로 커져 분노로 폭발하는 과정을 살필 수 있다.

A 씨에 대하여

고등학생 시절, A 씨는 우울증과 회피성 성격장애라는 진단을

---

* 해당 사례는 실제 사건과 일부 비슷한 부분이 있으나 인명, 지명, 직업 등 구체적 내용을 모두 가공했음을 밝힙니다.

받았다. 그는 부족할 것 없는 중산층 가정에서 둘째로 태어났다. 부모는 자상했으며 세 살 터울의 형은 고등학교를 최우수 성적으로 졸업해 대한민국 최고 대학의 최고 학부로 진학했다. 그렇다고 부모가 큰아들만 편애하지도 않았다. 어릴 때부터 상대적으로 위축되고 내성적이던 동생 A 씨를 사랑으로 보살폈다.

초등학생 시절, A 씨는 방과 후 집에서 가사 도우미와 지내는 시간이 많았다. 전업주부인 어머니는 중학생이 된 형의 학업을 위해 원거리 통학을 돕느라 밤늦게야 집에 들어왔다. 하교한 뒤 긴 시간 동안 A 씨는 혼자 집에서 컴퓨터 게임을 하며 지냈다. A 씨는 또래보다 키가 작았지만 불규칙한 식사시간과 조절하지 못한 식사량으로 초등학교 4학년 때 이미 70킬로그램이 넘는 거구였다. 학교에서는 늘상 친구들에게 '몸에서 땀 냄새가 난다'라거나 '행동이 굼뜨다'라는 이유로 따돌림을 당했다. 여자 학우들은 놀리고 피하는 것으로 끝이 났지만 남자 학우들은 교실이나 화장실에서 자주 때렸고 금전을 갈취하기도 했다. 언제나 A 씨가 눈물을 흘리며 끝이 났지만 선생님이나 어머니에게는 알릴 수 없었다. 중학생이 된 뒤로도 괴롭힘이 무섭기도 했지만 매일 이 학원에서 저 학원으로 형을 데리고 다니다 밤에는 피로에 절어 집에 들어오는 어머니를 가슴 아프게 할 수 없었다. 그렇다보니 가족들은 '그 사건'이 터지기 전까지 A 씨가 학교에서 당하는 폭력을 상상조차 하지 못했다.

A 씨가 중학교 2학년 때였다. 그는 집 방향이 같은 친구와 함께 집에 가고 있었다. A 씨는 친구가 어머니와 단둘이 어렵게 산다는 정도만 알고 있었다. 그런데 갑자기 중학교 3학년 형들이 나타나 빌려간 돈을 갚지 않는다는 이유로 친구를 무지막지하게 폭행했다. 옆에 있었다는 이유만으로 A 씨도 몇 대 맞았다. 맞고 들어온 A 씨를 본 부모는 처음으로 담임에게 전화를 하고 경찰에 사건을 신고했다. '넘어졌다'라는 A 씨의 말로 넘어가던 이전 상처보다 훨씬 심각했기에 부모로서 불가피한 선택이었다.

'듣기만 했던 학교 폭력 사건이 내게도 일어난 것인가?' A 씨 역시 심각성을 깨닫고 무서움에 떨었다. 며칠이 지나서야 큰 용기를 내어 등교했지만 그때 그 형들이 어디서든 나타나 신고했다는 이유로 앙갚음할 것 같았다. 담당 형사는 A 씨에게 계속 전화를 걸어 참고인 진술을 하러 경찰서로 오라고 했지만, A 씨는 그 사건 이후 학교, 경찰서, 심지어 집 앞 편의점도 갈 수 없었다. 어디에든 그 형들이 숨어 있을 것만 같았다.

고등학교 진학을 앞두고 A 씨의 담임선생님은 'A는 일반 고등학교에선 적응하지 못하고 따돌림당할 것'이라며 A 씨의 부모에게 대안학교 진학을 권했다. 심사숙고 끝에 대안학교에 입학했지만, 그곳 역시 A 씨가 적응하기에는 무리였다. 또래 앞에서 발표하거나 그들과 어울리기가 A 씨에게는 여간 어려운 일이 아니었다. 그런 일이 있을 때는 몸이 아팠다. 아침에 도저히 일어날 수가 없었고 근육통이 계속되었다. 부모는 A 씨를 데리고 여러 병원을 전전하다가 정신과에 데리고 갔다. 정신과 의사는 A 씨가 우울증과 회피성 성격장애라고 진단하였다. 그러면서 약물치료를 권했는데, A 씨는 이해할 수 없었다. "약을 먹어야 하는 사람은 내가 아니라 친구를 폭행하고 나를 위협했던 그 형들이야"라고 말하며 약물 복용을 완강하게 거부했다.

A 씨는 결국 고등학교 2학년이 시작되는 봄에 대안학교를 자퇴했다. 겨울방학 내내 방에서 온라인 게임을 하거나 온라인 커뮤니티 게시물에 댓글을 달면서 시간을 보낸 A 씨는 굳이 학교에 가야 할 이유가 없다고 생각했다. '그저 그런 애들과 지내면서 뭘 배울 수 있을까?' 자퇴하고 싶어 하는 A 씨에게 어머니는 그래도 학교는 가야 하고 약도 먹어야 한다고 강권했다. 아마도 그 시점

부터 어머니는 A 씨에게 조력자이기보다는 은둔생활을 방해하고 무서운 세상으로 내모는 위협자가 된 것 같다.

외출을 거부하는 A 씨를 위해 부모는 한적한 곳으로 이사도 했다. 하지만 A 씨의 아버지가 외국으로 파견 근무를 나갔고 대학을 졸업한 형은 다른 지역에서 직장을 다니게 되어 A 씨는 어머니와 한 집에서 단둘이 생활하며 씨름을 해야 했다. 아버지와 형이 집을 떠나자 A 씨 혼자 집에 있는 시간이 더욱 많아졌다. 대인기피 증세가 심각해도 주먹질을 하지는 않던 A 씨는 잔소리하는 어머니를 향해서 욕설을 내뱉었다. "모든 문제는 엄마 때문이야"라고 소리도 지르곤 했다. 어머니가 A 씨의 중학생 시절, 학교 폭력 사건을 신고한 일, 대안학교를 보내 그나마 있던 친구들과 자신을 갈라놓은 일, 최근에 자신을 정신병원으로 끌고 가서 입원시키려고 했던 일도 있었던 터라 A 씨는 모든 문제를 어머니 탓이라고 생각했다.

약을 제대로 먹지 않던 A 씨는 어머니가 또다시 강제로 자신을 학교나 병원에 보내버릴 것 같은 불안감으로 잠을 이룰 수 없는 수준에 이르렀다. 자신이 자는 동안 하얀 가운을 입은 남성 간호사들이 나타나 잡아갈지도 모른다는 걱정이 자꾸 들었다. 혹시

자는 동안 공격받을 수도 있으므로 부엌칼을 베개 아래 몰래 숨겨두고서야 쪽잠을 잘 수 있었다.

새벽녘, 119 전화가 울렸다. "엄마가 다쳤어요. 도와주세요." 현장은 난장판이었다. 흉기로 공격당한 A 씨의 어머니는 응급실로 옮겨졌으나 결국 숨졌다. A 씨는 피투성이인 상태로 넋이 나간 채 소파에 앉아 있었다. 뒤늦게 현장에 도착한 경찰이 부르는 소리에도 A 씨는 대답하지 않았다. 현행범으로 체포된 A 씨는 경찰의 수사 과정에서도 사건에 대해 제대로 진술하지 못했다. 경찰의 질문에 사건과는 전혀 관련 없는 엉뚱한 이야기로 동문서답만 했다. 간헐적으로 "약을 먹으면 이상해질 것 같았고, 엄마가 적으로 보였어요"라고 범행 동기를 설명할 뿐, 죄책감을 느끼지 못하는 것처럼 보였다. 구치소에 수감된 뒤에도 A 씨는 눈물을 흘리지 않았다.

정신감정을 받기 위해서 A 씨는 한 달 정도 국립법무병원으로 보내졌다. 진단명은 '편집성 조현병'이었다. 고등학교 때 진단받은 우울증과 회피성 성격장애를 본인이 제대로 인식하지 않고 약물을 적절히 복용하지 않아 증상이 악화된 것이다.

배우자를 잃은 A 씨의 아버지는 재판부에 탄원서를 냈다. '믿을 수 없는 사고로 가슴은 갈기갈기 찢어졌고, 지옥의 한가운데로 내동댕이쳐진 심정이다. 가장 사랑하는 두 사람을 동시에 잃어버린 무능한 아비였지만, 아들에게는 재기할 기회를 달라. 아내도 하늘나라에서 아들의 선처를 구할 것이다'라는 내용이었다. A 씨의 이모도 '조카를 선처해달라는 호소가 쉽지 않지만 탄원서를 쓰는 이유는, 항상 언니 옆에서 칭얼대던 아이가 자신을 평생 보살펴줄 존재를 스스로 떠나보냄으로써 받게 될 벌과 남은 형부에 대한 안쓰러움 때문이다. 언니도 제가 이 편지를 써서 아이에게 도움이 되길 바랄 것이다'라는 내용의 탄원서를 재판부에 제출했다.

재판 과정에서 A 씨는 살인죄가 적용되었지만 심신미약이 인정되어 징역 3년과 치료감호를 선고받았다. 법원 명령으로 약물을 복용하자 피해망상이나 우울감이 금세 사라졌고 구치소에서 잘 적응할 수 있었다.

유일하게 본인 곁을 지킨, 사랑하는 어머니를 살해한 일을 비현실적 꿈처럼 느꼈다. 세간에서는 어머니를 수십 차례 난도질한 파렴치범이라고 손가락질하지만 정작 A 씨는 당시가 잘 기억이 나지 않는다. 이제는 밤마다 어머니가 나오는 꿈을 꾸고 눈물을 흘리기도 한다. '내가 무슨 일을 벌인 것인가?' 뼈저리는 후회감도

들었다.

범죄심리 프로파일링

수줍어하며 잘 표현하지 않는 회피성 성격장애의 위축된
기질이 A 씨에게도 드러난다. 학교 폭력에 시달리면서도
어머니에게 이야기하지 못할 정도로 표현을 억누르는 모
습이 그렇다. 그렇다보니 가족들은 A 씨의 친구가 처참하
게 폭행당하고 A 씨도 위험에 처한 뒤에야 그간의 상황을
알게 되었다.

A 씨는 친구가 폭행당하는 모습을 보고 언제든 중학교
3학년 형들이 나타나 자신을 괴롭힐 수 있다는 생각만으
로도 두렵고 고통스러웠다. 그리고 어머니가 자신을 다른
학교로 보내거나 강제로 입원시킬 것이라는 생각에 불안
해했다. 이런 부정적인 자동적 사고automatic thoughts[•] 역시

• 자신의 감정과 행동에 결정적인 영향을 주지만 본인이 쉽게 의식하지 못하는 사고
  를 뜻한다. 용어 그대로 자동적으로 빠르게 스치고 지나가는 생각이기에 그러한 생
  각을 했는지조차 잘 인식되지 않는다.

회피성 성격장애의 발생 원인으로 작용한다. 이 사례에서도 A 씨가 부정적인 자동적 사고 패턴을 갖고 지속해온 과정을 살펴볼 수 있다.

중학생이던 A 씨는 또래나 선배들에게 당한 폭력으로 두려움과 불안감이 생겼고, 대인관계를 피하고 집에 머무르기 시작했다. 이후 진학한 대안학교에서 자퇴한 뒤에도 외출을 거부하는 등 대인기피 증세를 보였다. 다만, A 씨가 중학생 때 학교 폭력을 신고해 앙갚음당할 것 같은 공포를 느꼈고 대안학교에 진학한 이후 친구들과 떨어지게 되었다며 모든 문제를 어머니 탓으로 돌리는 모습에 집중할 필요가 있다. A 씨는 사회적 욕구가 있음에도 불구하고 불안감과 공포감을 많이 느껴 관계 맺기를 주저한 것으로 추론된다. 즉, 정신적 기저 질환보다도 학교 폭력, 가정 폭력과 같이 스트레스를 유발하는 환경 때문에 사회적 철회, 즉 사회적 관계에서 위축되고 결국 대인관계를 피하게 됐다.

놀라울 정도로 잔혹한 범죄 사건이 일어났을 때, 용의자의 주변 사람이 "이런 일을 할 사람이 아니다"라며 뜻밖이라고 반응하는 인터뷰 모습을 간혹 접할 수 있다. 실제

2018년 'PC방 살인사건'으로 알려진 사건의 피의자는 PC 방에서 이전 손님의 흔적을 치워달라고 요구했는데 잘 이루어지지 않자 1천 원을 환불해달라며 시비가 붙었고 끝내 아르바이트생을 흉기로 찔러 숨지게 했다. 이 피의자는 살인한 이유를 자신의 요구를 무시했기 때문이라고 밝혔다.

A 씨나 PC방 살인사건 피의자 같은 사람들의 가장 큰 문제는 불특정 다수에게 보이는 적대감과 원한이다. 쉽게 말해 인간관계 실패로 생긴 마음속 분노와 앙심이 욕구불만이 되어 가슴속 시한폭탄이 되는 것이다. 막연한 피해 의식과 원망이 도화선을 당기는 사건으로 인해 예상 못한 갑작스러운 폭력적 행위로 드러난다.

회피성 성격장애를 지닌 사람 중 수동-공격적passive-aggressive 성격을 지닌 사람은 분노를 원활하게 표출하지 못한다. 불만이 생기거나 화가 났을 때 보통은 의사소통하며 감정을 표현하고 해소하면서 화해하는 과정을 통해 대인관계를 유지하지만 수동-공격적 성격을 지닌 경우 불안감과 회피적 성격 때문에 자신의 분노를 상대방에게 적절히 표현하지 않고 참는다. 쌓인 분노를 참지 못하는 순간이 간헐적으로 찾아오다가 어느 순간 갑자기 폭발하여 해소한다. 평온해보이는 지표면 아래 용암이 끓어오르는 화산의 분화구 모습을 떠올리면 쉽게 이해할 수 있다.

범죄심리 해부노트

의존성 성격장애 Dependent Personality Disorder 의 주요 특징은 지나친 의존성, 분리나 거부에 대한 과도한 두려움이다. 자신의 감정을 정확하게 인식하거나 표현하지 못하며 자기 생각이나 판단보다 타인의 요구나 감정을 더 중요하게 여긴다. 혼자서는 아무런 결정도 하지 못하고 사소한 결정도 부모나 애인, 배우자 혹은 친구에게 맡긴다. 언제나 곁에 누군가가 있어야 하고 혼자 있게 되면 불안감을 느낀다.

발생 원인은 발달 초기 아동에 대한 양육자의 과한 통제나 보호로 인한 환경적 영향을 들 수 있다. 부모가 아동의 자율적 판단과 행동을 과하게 제

9

혼자 결정 내리지 못하는
의존성 성격장애

지하고 보호할 경우, 아동은 자신의 능력과 판단을 의심하고 자기 자신을
무가치하다고 느끼며 타인과 안정적 애착관계를 형성하지 못한다.

인간은 성장 과정에서 양육자의 보살핌 시기 이후 독립적 대처 방식을 배
우면서 자신에 대한 긍정적 인식과 성취 경험을 해나가며 자존감을 키워간
다. 이런 과정이 원활하지 못한 경우 관계에서 안정감을 느끼지 못하며 상
대에게서 언제 버려질지 모른다는 두려움을 항상 느낀다. 의존하는 상대와
의 갈등을 피하려 자신의 개성이나 독립성을 부인하며 상대의 신념이나 가
치를 자신의 것으로 내면화하기도 한다.

D 씨는 수천억 원 규모의 재력가 Y 씨의 사무실에서 고향 선배 T 의원에게 받은 전기충격기로 Y 씨를 쓰러트렸다. 그런 뒤 T 의원의 5억 원 상당의 차용증을 가지고 나오던 중, 깨어나 비틀거리는 Y 씨의 뒤통수를 T 의원에게 받은 둔기로 힘껏 내리쳤다. Y 씨는 그 자리에서 사망하였다.*

이 사례는 의존성 성격장애로 추정되는 D 씨가 충성을 바치는 T 씨를 위해 청부 살해까지 하게 된 사건을 삼인칭 시점으로 정리해보았다. 성인으로서 자율성 없이 타인에게 의존하는 선택이 자신의 삶을 어떻게 무너뜨리는지 그 과정을 살필 수 있다.

D 씨에 대하여

D 씨는 순박한 사람이었다. 그가 수천억대 재력가인 60대 Y 씨

---

* 해당 사례는 실제 사건과 일부 비슷한 부분이 있으나 인명, 지명, 직업 등 구체적 내용을 모두 가공했음을 밝힙니다.

를 살해했다는 사실이 알려졌을 때 지인들이 까무러치게 놀랄 정도로 말이다. 기껏해야 벌금 전력이나 있던 그가 둔기로 사람을 잔혹하게 죽이다니……. 다들 혀를 찼다.

D 씨는 고향에서 크게 부족할 것이 없는 집안 사람이었다. 그의 형은 지방에서 시의원까지 했다. D 씨가 고향에서 아버지의 공장 사업을 도우면서 지낼 때는 경제적 어려움을 모르고 살았다. 그러나 아버지의 사업이 어려움에 처하고 부모가 갑자기 돌아가신 뒤 많은 것이 달라졌다. 고향을 떠나 낯선 서울로 온 D 씨는 형의 친구 T 의원을 만나기 전까지 힘겨운 시간을 보냈다. 경제적 폭락이 공포와도 같았고 이 같은 두려움을 다시는 느끼고 싶지 않다는 마음이 점점 강해졌다.

D 씨는 형의 친구였던 T 의원을 어린 시절부터 존경하고 신뢰했다. 일류 대학을 졸업한 뒤 수도권에서 시의원직을 맡은 T 의원이 고향에 있는 형보다 훨씬 훌륭하다고 생각했다. 기껏해야 지방에 작은 다리 하나 놓는 예산을 따내려고 분주하게 돌아다니는 형과 달리, T 의원은 도시의 스카이라인을 바꾸는 일을 대범하게 추진했다. T 의원 덕분에 서울의 서쪽에 있던 허허벌판이 금싸라기 땅이 되었다. T 의원 지역구 주민들은 사는 곳에 아파트와 공

원 등이 생기고 주변에 고속도로가 생기니 T 의원을 입이 마르게 칭찬했다. T 의원이 여의도에 입성할 날도 머지않은 것 같았다.

D 씨는 꽤 오랜 기간 T 의원의 집사 노릇을 했다. T 의원이 정당 활동을 시작하면서부터 D 씨는 T 의원의 그림자처럼 매사 함께하며 궂은일까지 처리해주는 심복이 되었다.

일이 틀어지기 시작한 때는 2년 전 지방의원 선거가 끝난 직후부터였다. T 의원이 지역 재력가 Y 씨에게 선거 자금 5억여 원을 받는 대가로 Y 씨의 건물 용도를 변경해주기로 약속했는데, 정작 당선되자 입을 씻었다는 Y 씨의 불만이 터져 나오면서부터였다. Y 씨는 불법 선거 자금을 문제 삼고 나섰다. Y 씨는 빠른 시일 안에 도시계획을 수정해서 자신의 건물 용도 변경을 해주지 않으면 5억여 원을 전달할 당시의 차용증을 검찰에 넘기겠다고 T 의원을 위협했다.

이야기가 점점 퍼져 검찰의 내사가 시작되면서 2년 전 선거 자금 전달책이던 D 씨가 검찰에 불려 다녔다. 어느 날, T 의원은 밤늦은 시간에 은밀하게 D 씨를 불러 이야기했다. "일주일 뒤에 Y 씨를 죽인 뒤 밀항하여 외국으로 가라. 돈은 얼마든지 보내주겠다. 서울에 있는 아내와 아이들도 모두 잘 돌봐주겠다. 외국에

1년만 피해 있어라." Y 씨만 제거되면 주요 증인이 없어지니 검찰의 선거 자금 수사도 시들해질 것이라고 T 의원은 이야기했다. Y 씨를 제거하는 대가로 T 의원이 제안한 금액은 D 씨가 평생 만져보기도 힘들 정도로 큰 액수, 10억이었다. '그뿐만 아니라 투병 중인 아내의 병원비와 아이들 대학 등록금까지 모두 내준다니…….' D 씨는 그렇지 않아도 승승장구하는 T 의원을 위해 어떤 희생도 당연히 감수하겠다고 다짐했는데 횡재수가 찾아왔다고 여겼다.

　D 씨는 착수금으로 2억을 받았다. 나머지 금액은 일을 성공적으로 처리한 뒤에 두 번에 나누어 받기로 했다. D 씨는 Y 씨를 어떻게 없앨 수 있을지 고민하며 점차 초조해졌다. 그런 D 씨에게 T 의원은 비상용 대포폰 두 대, Y 씨를 제압하기 위한 둔기와 전기충격기를 구해 주었다. 더불어 Y 씨의 일정표와 Y 씨의 사무실이 있는 건물의 평면도를 주며 일을 잘 완수하라고 지시했다.

　사건 당일, Y 씨는 본인의 상가 건물 5층 사무실에 남아 밤늦게까지 시간을 보냈다. 재력가이지만 경호원도 없이 혼자 다니는 모양이었다. D 씨는 하루 종일 Y 씨의 주변을 맴돌았다. 건물 입구에 있는 CCTV만 주의하면 계단이나 복도를 오가는 데 문제없어 보였고 더욱이 저녁 8시 이후면 위층으로 갈수록 공실이 많아 인적도 드물었다.

외국으로 떠나기로 한 바로 전날, D 씨는 Y 씨 살해 계획을 행동에 옮겼다. 밤 8시쯤, D 씨가 사무실 입구의 초인종을 누르자 Y 씨는 경계심 없이 사무실 문을 열어주었다. D 씨는 문 사이로 머리를 빼꼼 내민 Y 씨의 목에 T 의원이 준 전기충격기를 가져다 대었고, Y 씨는 이내 쓰러졌다. D 씨는 Y 씨의 몸을 넘어 금고를 찾으러 분주하게 움직였다. 사무실 책상 뒤에 금고가 보였다. T 의원이 미리 알려준 비밀번호를 맞추자 금고 문이 열렸다. 생각보다 많지 않은 서류 사이에서 5억 원 상당의 차용증을 찾아냈다.

잠시 정신을 잃었던 Y 씨가 깨어나 몸을 일으키는 모습을 D 씨가 얼핏 보았다. Y 씨가 도주를 했다가는 T 의원을 지킬 수 없다. 서둘러야 했다. '내 청춘을 모두 바친 T 의원 그리고 내 아내와 아이들의 장래까지 지켜줄 T 의원이 다쳐선 안 된다. 나의 미래인 그를 위한 나의 희생을 이미 오래전에 결심했다.' D 씨는 이렇게 생각하며 Y 씨를 둔기로 공격했다. 정신을 차리고 보니 Y 씨의 처참한 사체가 D 씨의 눈앞에 있었다.

다행히 밤은 어두웠고 인적은 없었다. CCTV를 피해 재개발 지역으로만 걸음을 옮겨 집에 도착했다. D 씨가 집에 와서 낸 인기척 때문인지 안방에서 자던 아내가 뒤척이는 소리가 들렸다. D 씨가 현관에서 옷을 다 벗을 때쯤, 집 안은 다시 고요해졌다. 세탁기에 피 묻은 옷을 넣고 새 옷을 주섬주섬 입고 D 씨는 자신의 걸음마다 떨어진 핏자국을 닦았다. 바닥을 닦고 또 닦으니 육안으로는 피가 한 방울도 보이지 않았다.

다음 날, D 씨는 늦잠을 자고 일어나 종일 인터넷 검색만 했다. Y 씨의 살해와 관련된 소식은 아무것도 보이지 않았고, 그날 밤 D 씨는 예정대로 외국으로 향하는 배에 몸을 실었다.

D 씨가 외국에서 생활한 지도 벌써 6개월이 흘렀다. 재력가 Y 씨의 피살 사건이 뉴스에 오르내린 지도 꽤 되어, 이젠 사람들의 기억 속에서도 잊힐 쯤이었다. T 의원은 약속대로 3억을 사건 직후 D 씨의 아내에게 송금했다. '역시 내가 주인을 잘 만났지⋯⋯.' D 씨는 참 다행이라고 잠시 생각했다. 하지만 외국에서의 도피생활은 생각보다 힘들었고 경비도 많이 들었다. 사건 이후 시간이 꽤 지나자, T 의원은 D 씨의 전화도 잘 받지 않았다. '잔금 이야기를 꺼내려면 조만간 통화해야 하는데⋯⋯. T 의원의 근황

을 인터넷 기사로 접할 수밖에 없다니……. 불안하다. 아마도 죽은 Y 씨는 수천억대 재력가였으니 한국 경찰이 여기저기 알아볼 텐데……. 국내에서 사건의 단서를 찾지 못한 경찰이 외국 공권력에도 협조를 구할 텐데……. 이러다가 한국에 있는 집에 영원히 돌아가지 못하고 불법체류자로 영영 표류하는 것은 아닌지…….' 불안감이 D 씨의 목을 조여왔다.

무엇보다 D 씨가 느끼는 배신감이 컸다. D 씨는 T 의원을 친형보다, 심지어 아버지보다도 더 따르고 의존했다. T 의원이 죽으라면 죽는시늉까지 했고, T 의원에게 닥친 위험을 어떻게든 막아낼 결심도 서 있었다. D 씨에게 전부와도 같던 T 의원이 자신을 피하자 그가 느끼는 배신감은 날로 커졌다. 마지막으로 통화했을 때, T 의원은 조바심을 느끼는 D 씨를 비웃으며 모든 잘못이 D 씨에게 있는 양 비난했다. 마치 Y 씨 살해를 D 씨 혼자 꾸민 것처럼 꾸짖기까지 했다.

결국 D 씨는 한국행 비행기에 몸을 실었다. 병세가 악화된 아내 때문이기도 했지만 T 의원을 만나 약속된 잔금을 받고 관계도 회복하고 싶었다. 그런데 T 의원은 D 씨의 전화를 몇 주째 피하기만 하였다. '뭔가 이상하게 돌아가네. 이러다가 T 의원이 Y 씨를 살해한 모든 책임을 내게 떠넘기는 건 아닐까?'라는 걱정이 D 씨의 머리를 떠나지 않았다. 입원해 있는 아내도 D 씨의 안색이 좋지 않다며 걱정하기에 이르렀다. '아내와 아이들을 지킬 방법은 자수밖에 없다'라고 결심하니 살면서 처음으로 온전히 혼자 의사결정을 내린 기분이 들었다. 이제야 정말 어른이 된 느낌……. 그렇게 마음먹은 뒤 가까운 경찰서로 가 지난 수년간의 일을 다 털어놓았다. 살인의 책임을 떠안을지 모른다는 불안감도 있었지만, 무엇보다 T 의원에게 느낀 배신감이 자수하게 된 제일 큰 동기였다.

　T 의원이 시킨 일임을 밝히는 과정은 절대 쉽지 않았다. T 의원이 D 씨와 나눈 메신저 대화 내용 다수가 디지털 포렌식으로 복원되지 않았다면 더욱 어려웠을 것이다. '여의치 않으면 자살하라'라고 지시한 T 의원의 문자도 복원되었다. 그러나 T 의원은 D 씨 혼자 꾸민 일을 왜 자신이 책임져야 하느냐며 묵비권을 행사했다. 1심은 국민참여재판으로 진행되었고 배심원들은 T 의원에게 만장일치로 유죄 평결을 내렸다. 1심 재판부는 T 의원에게 무기징역을 선고했다. T 의원은 울면서 "제가 정말 안 그랬습니다. D 씨에게 돈을 준 적도 없고 모르는 일입니다"라고 외치다가 경위들에게 끌려 나갔다.

T 의원의 사주를 받고 Y 씨를 살해한 D 씨는 1심에서 징역 25년을 선고받았지만 항소심에서 잘못을 뉘우치고 사건의 실체를 발견하는 데 협조했다는 이유로 징역 20년으로 5년을 감형받았다. 그는 상고하지 않고 교도소에서 복역했다. 그동안 건강을 회복한 아내와 아이들이 매달 D 씨에게 면회를 왔다. 그렇게 D 씨는 만기 출소한 뒤 새로운 인생을 살고자 계획하고 있다.

범죄심리 프로파일링

이 사례의 D 씨는 의존성 성격장애 중에서도 '헌신형'에 해당한다. 타인에게 과도하게 의존하고 보호받기를 원하며 자신을 스스로 돌봐야 하는 상황에 놓이면 불안감을 느끼는 D 씨는 T 의원과의 관계에서 독립적이지 못했다. T 의원이 사주한 범죄를 D 씨 자신의 단독 범죄로 뒤집어쓰고도 그것을 운명으로 받아들였다.

D 씨가 자율성을 습득하기 어려운 환경에서 어린 시절을 보냈는지 여부를 확인할 수 없으나, 독립적 삶을 살지 못하며 의존할 주변 대상을 찾는 모습을 보였다. D 씨는 형

의 친구로서 크게 성공한 듯 보이는 T 의원을 위해 범죄에 연루되는 상황까지도 떠맡는다. 희생에 이를 정도로 남을 적극 돕는 이유는 행동의 책임을 그들에게 떠넘길 수 있기 때문이다. 의존성 성격장애를 지닌 사람에게 왜 그랬느냐고 질문하면 대답은 한결같다. "나는 그러고 싶지 않았는데, 그 사람 때문에 어쩔 수 없이⋯⋯."

어린 시절 의지해온 애착 대상의 상실과 자립의 과정에서 느끼는 불안감을 직면함과 동시에 관계에서 안정과 신뢰를 느껴야 의존성 성격장애에서 벗어날 수 있다. D 씨는 외국으로 도피한 뒤 T 의원의 무시와 외면을 경험하고서야 비로소 T 의원에 대한 불합리한 의존의 동기를 이해하기 시작했다. 그리고 자수를 하고 가족에게 모든 것을 밝히면서 스스로 결정하고 책임지는 행동을 선택했다. 스스로 느끼는 불안감이 정당하지 않음을 확실하게 깨달아야 자신이 주인이 되는 새로운 삶을 살 수 있다.

사기 삶에 관한 일을 하나씩 자율적으로 선택해나가는 변화는 D 씨에게 결코 쉬운 일이 아니었다. 다른 누군가에게 선택권을 내줌으로써 다시 의존하는 삶을 살 수도 있었다.

하지만 D 씨가 T 의원에게 의존해온 삶은 무거운 대가를 치렀다. T 의원에게 자기 행동의 선택권을 내주며 그의 결정에 의존해온 D 씨는 징역 20년이라는 재판 결과를 받아들여야 했다. 타인과 나의 경계를 분명히 하면서도 자신이 원하는 사람들과 친밀한 인간관계를 유지하는 것은 성인으로서 지향해야 할 주된 지침이다.

D 씨와 가족의 삶이 제자리를 찾는 데는 시간과 노력이 필요할 것이다. 자수하기로 결정하면서 D 씨가 생애 처음으로 "이제야 정말 어른이 된 느낌……" "온전히 혼자 의사결정을 내린 기분"을 경험한 것이 그 시작이다. 내 삶을 내 것으로 느끼기 시작하는 순간이 바로 치료의 첫걸음이다.

범죄 심리 해부 노트

강박성 성격장애 Obsessive Compulsive Personality Disorder 의 주요 특징은 질
서나 규칙 및 세밀함에 대한 집착, 전체 맥락 파악 능력의 결여, 대인관계
에서의 통제이다. 유연함이나 효율성을 희생하면서까지 극도로 위생적인
깔끔함과 질서 정연함 등의 완벽성을 보이는 특징이 있다. 자신의 방식이
유일하게 올바른 방법이며 그 외엔 모두 잘못이라고 생각한다. 그래서 자
신의 기준, 신념 등을 주변에도 적용시키려고 하며, 이를 이해하지 못하
는 사람을 부정적으로 여기고 불신한다. 모든 일을 자신의 방식으로 하기
를 고집하므로, 타인을 신뢰하고 협업하며 책임을 공유하는 일에 어려움

10

완벽한 규율과 통제에 집착하는 강박성 성격장애

을 겪는다.

발생 원인으로는 어린 시절에 경험한 여러 형태의 학대와 이로 인해 생긴 심리적 외상을 들 수 있다. 또한 융통성 없고 통제적이며 강박적 양육자와의 상호작용에서 느낀 공포와 처벌에 대한 두려움이 학습된 결과라는 설명도 있다. 삶이나 일의 소중한 의미 또는 흥미 같은 본래 목적보다 세부적인 것에 집착하여 실수하거나 관계를 망치는 모습에 혼나기 싫어 어찌할 바 모르며 겁에 질린 미숙한 모습을 보인다.

지방 도시에서 개인사업체를 운영하는 O 씨는 별거 중이던 배우자 J 씨가 짐을 챙기러 집에 들르자, 집에 있던 칼로 수차례 찔러 살해했다. *

이 사례는 삼인칭 시점으로 서술했다. 강박성 성격장애로 추정되는 O 씨의 정서나 사고 흐름은 잘 드러나지 않는다. 따라서 관찰자적 시점으로 완벽성에 극도로 집착하여 자신만의 방식을 고집하고 대인관계를 통제하려는 가해자 O 씨의 모습을 정리했다.

O 씨에 대하여

지방 도시에서 유지로 통하는 성공한 회계사 O 씨는 배우자 J 씨와 5년 전에 재혼했다. O 씨의 첫 결혼은 3년도 채 가지 못했고,

---

* 해당 사례는 실제 사건과 일부 비슷한 부분이 있으나 인명, 지명, 직업 등 구체적 내용을 모두 가공했음을 밝힙니다.

J 씨와 결혼하기 전까지 오랜 시간 혼자 살았다.

직장에서 인정받고 성공하기까지 O 씨의 삶에 위기도 꽤 있었다. 동료들에게서 매사에 너무 비판적이라거나 융통성이 없다는 평가를 받았고, 상사에게서 O 씨가 팀의 분위기를 따라오지 못한다거나 우유부단하다는 지적을 받기도 했다. 사실 그의 우유부단함은 업무 수행이 완전하지 못하다고 생각해 결단을 내리지 못하며 불안해하는 모습에서 기인했다. 직장 동료들은 함께 검토한 자료나 일정을 완벽주의인 O 씨가 반복적으로 확인하는 바람에 업무 마감이 빈번하게 지연되어 힘들어했다. 사적으로 따로 만나는 친구들도 그가 사소한 것에 과도하게 주의를 집중하며 묻거나 여러 사람에게 확인하는 바람에 난감해진 경우도 많았고 인내심의 한계를 경험하기도 했다.

어린 시절 O 씨 가족은 완벽주의자였던 아버지의 영향으로 가정에서 아버지가 세운 기준과 원칙에 따라 말하고 행동해야 했다. 이로 인해 O 씨는 집에서도 편안한 마음으로 지낸 기억이 거의 없다. 아버지의 기준에 못 미치는 행동을 하면 언어폭력과 물리적 체벌이 무자비하게 행해졌고, 울거나 하는 등의 감정 표현을 하면 더 큰 벌을 받았다. 맞지 않기 위해, 비난을 받지 않기 위해 애쓰고 애썼지만 아버지의 기준을 만족시키기란 불가능했다. 그만큼 인정이나 칭찬도 기대하기 어려웠다. 특히 아버지는 학업 성적을 중시했으므로 O 씨는 어린 시절부터 시험이나 과제 등에서 점수를 잘 받기 위해 애를 썼다. 물론 아버지의 기준을 만족시키기는 어려웠고 O 씨는 뭐든 완벽하게 해내야 한다는 압박감으로 힘들었다. 시험이나 과제를 마무리하면서 O 씨는 엄청난 불안감과 스트레스를 느꼈지만 때로는 그런 불안감이 자신이 원하는 것에 다가가는 원동력이 된다고 여기려 애썼다.

젊은 시절 O 씨는 한번 시작한 일이나 취미 활동을 일정 수준까지 올려놓으려는 의지가 강했다. 어린 시절과 청소년기에 부모의 불화를 겪으며 주변을 정돈하는 행위처럼 자신이 몰두할 수 있는 것을 찾았다. 청소년기 이후에는 운동 마니아로 여러 종목의 운동을 섭렵해나갔는데, 새로운 운동을 몰두해서 배우는 특정 시기가 지나면, 다른 종목에 도전했다. 완벽을 추구하다보니 지칠 수밖에 없었다. 사람들과 어울려야 할 수 있는 운동은 마음에 맞는 운동 상대를 구하는 일이 피곤하게 느껴졌다. 자신의 방식을 따라주는 만족스러운 파트너를 구하기가 어려웠다. 시간 약속을 지키지 않는 사람이나 운동 장소를 미리 정하는 O 씨의 원칙을 따르지 않는 사람과는 함께하기 힘들어졌다. 혼자 할 수 있는 운동은 몰두할 수 있지만 결과적으로 몸이 상하거나 부상으로 지속할 수 없는 지경에 이르러 그만두었다. 운동 그 자체로 즐기기 어려웠다. 운동 시작 전에 책을 사서 원리를 익히고 장비를 준비하는 데 노력과 시간을 들였으나 자신이 정한 목표에 도달하기는 어려웠다.

학업이나 일에서 이룬 성과를 바탕으로 직장이나 모임에서 사람들과 교류할 수 있는 기회가 종종 있었으나 동성뿐 아니라 이성과도 의미 있는 관계를 맺기가 힘들었다. 20대 중반 이후 결혼할 상대를 찾고자 꾸준히 노력했다. 30대 중반에 이르러 동종 업계 모임에서 처음 만난 20대 후반의 S 씨는 눈에 띄는 외모에 차분하고 순종적 어투까지 지녀 O 씨가 찾던 이상형이었다. 이후 이어진 데이트에서 S 씨는 O 씨가 제안한 데이트 일정을 마음에 들어 하는 듯했고 자신에게 물어보지 않고 이끄는 O 씨의 모습이 좋다고도 했다. O 씨는 S 씨를 보며 마음속으로 환호했다. '내가 찾던 완벽한 여성이다. 그녀는 내 의견을 따르고 내 결정을 존중할 것이다. 그녀와 함께라면, 내가 원하는 완벽한 가정을 이룰 수 있을 것이다.'

하지만 꿈같은 신혼의 달콤함은 그리 오래가지 않았다. 결혼한 뒤 부부는 자가 마련이란 목표를 세웠고 O 씨의 방식으로 접근해나갔다. 집을 사기 위해 이해하기 어려울 정도로 절약했다. 외식을 일절 하지 않고 기념일을 챙기지 않았으며 O 씨가 결혼 전 중고로 구입하여 10년 이상된, 안전이 의심스러운 승용차를 바꾸지도 않았다. 생명이 직결되니 바꿔야 한다는 S 씨의 염려는 O 씨에겐 말도 안 되는 잔소리로 들릴 뿐이었다. 집을 마련하기 전엔 차를 바꿀 생각이 조금도 없었다. 집을 사기 위해 심사숙고하는 O 씨의 행동을 S 씨는 견디기 어려웠고 인내심의 한계를 느꼈다. 지나친 확인과 우려로 인해 집을 마련할 수 있는 많은 기회가 없어지고 O 씨가 내거는 집에 대한 수많은 확인사항이나 조건은 S 씨를 지치게 했다. 하지만 O 씨는 S 씨의 어려움을 전혀 이해하지 못하는 듯 보였다. 돈 모으기에 대한 O 씨의 집착은 S 씨가 맞추기엔 숨이 막히는 괴로움이었다. S 씨가 O 씨의 우유부단함을 지적하자, O 씨도 견딜 수 없는 상태에 이르렀다. 30대 중반에 어렵게 이룬 O 씨 가정은 세 번째 결혼기념일을 한 달 앞둔 날 합의이혼으로 정리되었다. 아이가 없었던 O 씨의 첫 결혼은 비교적 무난하게 이혼으로 마무리되었다.

이후 O 씨는 결혼에 실패했다는 생각에서 벗어나느라 엄청난 고통의 시간을 보냈다. S 씨가 3년 만에 자신과 이혼하겠다고 한 것, O 씨의 모든 것을 비난하듯 소리치고 떠난 그 순간을 잊을 수가 없었다. O 씨는 이혼 이후 일에 집중했다. 직업상으로는 성공한 듯 보였으며, 꽤 오랜 기간 독신생활을 유지했다. O 씨는 50대에 이르러 도시 외곽의 조용한 곳에 자신이 꿈꾸던 집을 마련했다. 사무실에서도 멀지 않은 주택가에 마련한 O 씨의 집에는 그의 다양한 취미 활동을 위한 시설까지 완벽하게 갖추어져 있었다. 남에게 방해받지 않는 자신만의 공간을 원했던 그의 꿈이 완벽하게 이루어지는 듯했다. 그러나 어느 순간부터 자신의 완벽한 모습을 인정하고 감탄해줄 누군가를 원하기도 했다. 자신이 이룬 이 완벽하고 아름다운 공간에 감사하며 함께 있어줄 사람.

지난 연말 모임에서 처음 본 그녀는 완벽해 보였다. 충분한 지적 매력과 아름다움을 지닌 40대 J 씨였다. O 씨는 자신의 모든 것을 받아줄 것 같은 J 씨의 미소에 반했고 첫 만남 이후 1년도 채 되지 않아 프러포즈 했다. 그렇게 J 씨는 O 씨의 배우자가 되었다. 하지만 결혼한 뒤 5년이 지난 여름밤, J 씨는 완벽해 보이던 O 씨의 저택에서 그의 폭력에 목숨을 잃었다. J 씨를 죽음에 이르게 한 사건은 이 부부가 이혼을 결정하고 2년이 지났을 때 일어났다.

O 씨는 두 번째 결혼에 대한 기대가 컸지만, 오랜 독신생활로 인해 자신만의 방식을 고집하는 완고함이 더 강해졌고 다른 방식을 인정하기는 전보다 더 힘들었다. O 씨와 J 씨는 물건 구매 방식이나 정리정돈 방식 등 사소한 결정을 내리는 데도 이견이 있었고 갈등으로 이어졌다. 특히 결혼한 뒤 집으로 지인들을 초대하고 싶어 하는 아내와의 의견 충돌을 피할 수 없었다. 처음 몇 번의 모임은 O 씨가 참고 J 씨가 원하는 방식을 따라주었으나 손님들이 돌아간 뒤 정리하는 과정에서 다시 충돌했다. O 씨는 자신의 집이 원래 상태로 복원되지 않는 상태를 참을 수 없었다. 거실의 물건들이나 심혈을 기울여 고른 다이닝 룸의 그릇들이 제자리가 아닌 곳에 놓여 있는 모습을 지켜보는 것은 그에게 고통이었다. 그리고 O 씨에게 의미가 있는 물건들과 언젠가 쓰일 것들을 한구석으로 치우거나 버리려는 J 씨의 무례함에 치민 분노가 해소되지 못한 채 쌓여갔다.

이런 일상생활에서의 견해 차이는 다툼이 되었고, 강도는 점점 더 심해져 몸과 마음은 상처투성이가 되었다. 급기야 둘은 한 집에서 함께 살 수 없는 지경이 되었다. 부부싸움은 극단으로 치달 았고 폭언과 협박은 J 씨가 더 이상 견디기 힘든 수준에 이르렀 다. J 씨는 O 씨의 폭언과 폭력을 피해 친정 근처에 살며 O 씨와 별거했다. 같은 해 8월 J 씨는 법원에 이혼 서류를 제출한 뒤 가 정폭력을 이유로 법원에 피해자보호명령을 요청했다. J 씨가 제 출한 피해자보호명령 청구서에는 부부싸움 과정에서 O 씨가 자 신을 칼로 수차례 위협했으며, "나는 모든 걸 다 떨쳐버리기 위해 죽어버릴 거야! 너도 같이 갈래?"라고 말한 내용도 담겨 있었다. 그녀가 요청한 피해자보호명령은 가해자가 반성하고 있으며 전 과가 없는 등 위험성이 높지 않다는 이유로 법원에서 기각되었다.

피해자보호명령이 기각된 지 일주일이 채 지나지 않은 8월 어 느 날, J 씨는 자신의 물건을 챙기고, 별거 중인 남편에게 재산 관련 합의 서류를 전달하고자 함께 살던 집을 방문했다. O 씨는 J 씨의 몸을 수차례 칼로 찔렀다. 치명상을 입은 J 씨는 숨을 거 두었다. 자신이 추구하던 완벽함을 허물어버린 J 씨에 대한 순간 적이고 극단적 분노는 결국 살인으로 끝이 났다. O 씨는 J 씨를 죽음에 이르게 한 후 지인의 집으로 가서 숨어 있었다.

범죄심리 프로파일링

 '강박적 성격'은 부적응이나 부정적 특성을 가리키는 데 뿐만 아니라 성과를 내는 데 용이한 특성으로도 언급된다. 특히 성격장애와 별개로, '완벽주의'라는 표현을 자신의 특징으로 꼽는 사람이 많을 정도로 일반적으로 나타나는 성향이다. 자신의 일을 기한 내 완수하고 완성도를 높이는 데 기여하는 긍정적 효과가 있다.

 앞선 사례에서 O 씨는 불안감으로 재차 확인하는 모습을 보이며 업무상 어려움을 초래했지만, 융통성과 개방성보다는 규칙과 완벽성이 요구되는 업무 영역에서 성공을 거두었다. 사회생활을 하면서 지나친 정돈성과 완벽성 때문에 융통성이 요구되는 직업에서는 실패할 수 있으나, 정확성이 요구되는 직업에서는 성공을 거둘 수 있다. 자신과 타인에 대해 인색한 그의 행동 특성이 친구를 만드는 데는 도움이 되지 않았지만 재산을 모으는 데 유용했다. 그러나 재산이 많더라도 행복한 시간을 함께 보낼 수 있는 진정한 친구는 많지 않았다.

 O 씨는 대인관계에서 다음과 같은 강박성 성격장애의

특성을 그대로 보인다. 타인에게 참을성과 인내심이 절대적으로 부족하며, 상대가 자신의 기대와 다르게 대답하면 인신공격을 퍼붓는다. 따라서 의사소통 과정에서 상대에게 따뜻함, 부드러움을 표현하는 능력이 제한적이며, 모든 일에 지나치게 형식적이라 타인과의 관계에 거리가 생긴다. O 씨가 첫 결혼 이후 새로운 배우자를 만나는 데 오랜 시간이 걸린 것도 이러한 특성과 무관하지 않다.

O 씨는 타인에게는 냉담하고 옹졸한 사람으로 보인다. 이는 자신의 방식에만 몰두하여 타인의 생각을 접하지 못한 것과도 연관된다. 우유부단한 모습은 혹시나 실수하지 않을까 하는 두려움 때문이다. 대인관계에 있어 주로 수직관계를 유지하므로, 윗사람에게는 철저하게 복종한다. 주위 사람들이 완벽하지 못하다고 생각될 때 경멸과 분노를 느끼면서도 겉으로 표현하지 않지만, 자신이 윗사람에게 복종하는 것처럼 타인도 자신에게 복종하기를 원한다. O 씨가 복종하는 상대는 자신이 통제할 수 없는 상대이다. 상대방과 다툴 때, 무조건 상내방을 깔보며 논쟁하는 식으로 불안감과 통제를 향한 욕구를 표출하는데, 이러한 특성

은 O 씨가 조직 내에서 성과를 내는 데는 탁월했지만 조직 생활에 적응하지 못하고 떠도는 사람으로 전락하게 만들었다.

그는 어린시절 부모로부터 완벽을 요구받고 언어폭력을 당하며 성장했을 것이다. 자기 능력을 신뢰하면서도 완벽한 수행 결과를 보이지 않으면 항상 비난받았을 것이다. 부모의 기대나 요구를 만족시키기 위해 끊임없이 노력했지만, 성공하지 못했다. O 씨의 정신을 황폐하게 만들었던 아버지의 언어폭력을 비롯한 가부장적 통제를 성인이 된 이후 자신의 가족에게 되풀이하였다.

O 씨가 생각한 가정은 완벽하고 단단히 구조화된 규칙들이 가득한 곳으로, 모든 것이 자신의 통제하에 움직여야 했다. 자신이 만든 완벽한 가정이나 여가생활에 대한 이견이 부부 갈등의 원인이 되었다.

자신이 만든 계획을 아내가 무조건 따르기를 강요했고, 자신의 엄격한 기준을 충족하지 않으면 집착을 멈추지 않았다. 그의 완벽에의 몰두와 과도한 통제 욕구는 일상생활에서 자신의 방식을 따르기를 요구하는 비합리적 강요로 나타났다. 부부생활에서도 자신의 원칙만 고집하고 배우자의 방식을 인정하지 않고 비난했을 것이다. 이런 고지식하고 강압적 의사소통 방식은 가족들을 불안과 긴장에 밀어넣었을 것이다. 가족이란 고단한 바깥세상의 스트레스로부터 한숨 돌리고 에너지를 재충전하는 '쉼터'가 되어야 한다. 그러나 O 씨와 같이 자신의 기준을 강요하는 가족원이 있는 경우, 그 가족들에게 가정은 제대로 숨쉬기 어려울 정도로 힘든 존재가 된다.

O 씨가 물건을 버리지 않고 소비하지 않으려 하는 행동은 어린 시절의 경험과 관련이 있다. 그가 자란 가정에서 낭비란 있을 수 없는 일이었고 비난의 대상이었을 것이다. 사소한 소비에도 죄책감을 느낀 O 씨는 성인이 되어서도 소비에 거부감을 느꼈다. 한참을 고민하고 물건을 산 O 씨에게 그 물건들은 버릴 수 없는, 자신만의 상징적 의미를 지니게 된 것이다. 이는 결혼한 지 얼마 안 된 아내와 공유하기 어려운 부분이었을 것이다.

O 씨는 자신의 사생활이나 모든 일에 일정한 틀을 유지하려 하고, 지나치게 신경 써왔다. 모든 것을 일사불란하

게 정돈했고 그 상태를 건드릴 배우자의 지인 모임은 그에게 고통스러운 일이었다. 자신의 많은 에너지와 시간을 스스로를 단련하는 데 쓰느라 고독했기에 충분히 수용되면서 편하게 대화를 할 수 있는 상대가 거의 없다고 느꼈다. O 씨는 부부관계에서 편치 않았고, 그의 감정 표현은 인색하고 완고했으며 결단력과 인내심이 부족해 우유부단하게 보였다. 우유부단함으로 감춰진 불안감 속에 자신도 통제할 수 없는 분노가 쌓이고 있었던 것이다. 그 분노는 결국 자신과 가정을 파괴하는 결과를 낳았다.

사례 말미에 J 씨를 살해한 뒤 지인의 집으로 도망가서 숨어 있는 O 씨의 모습은 일을 저지르고 어찌할 바 모르며 겁에 질린, 불안하고도 미숙한 모습이다.

1985년 당시, 생소했던 '심리학'이라는 전공을 선택해서 대학생이 되고, 대학원에 진학하며 이수정 교수와의 선후배 인연이 시작되었다. 대학원에서 세부 전공으로 상담심리학을 선택하며 시작된 상담자로서의 진로는 30년간 이어져 오늘날에 이르렀다. 10여년 전, 이수정 교수는 흉악한 범죄 행위로 세상을 떠들썩하게 했던 연쇄살인범을 면담하러 가는 길에 동반해달라는 요청을 내게 했었다. 그날, 나는 꿈에 볼까 두려운 살인범을 한 공간에서 만나고 싶지 않아 거절했다. 그때 이해할 수 없다는 듯 고개를 갸우뚱하며 "어떤 사람인지 보고싶지 않아? 왜 그랬는지 궁금하지 않아?" 하던 이수정 교수의 모습이 지금도 눈에 선하다. 그 날 그 자리에 동석했다면, 나도 상담가의 길이 아닌 범죄심 리전문가의 길을 걷게 되었을까?

2년 전 이수정 교수의 공동 집필 제안으로 이 책 작업에 합류할 때, 함께 세운 계획은 지금의 《이수정·이은진의 범 죄심리 해부노트》의 모습과는 조금 달랐다. 성격장애를 주 제로 범죄 사례뿐 아니라 상담 사례를 가공하여, 성격장애 의 특성을 가지고 고민하며 살아가는 우리 주변 사람들 이 야기를 풀어보자는 것이 당시 집필 계획이었다. 오랜 기간 고생하고 고민해온 길은수 편집자도 처음엔 같은 마음이 었다. 그렇게 시작한 우리의 작업은 해를 넘기면서 다양한 의견을 나누었고 다듬어가면서 오늘날, 지금의 책 모습에 이르렀다.

'범죄심리 해부노트'라는 제목하에 '성격장애'라는 심리 학적 개념의 틀을 이용해서 범죄와 관련된 사례들을 가공 하여 정리하였다. 사례 속 인물을 통해 범죄사건 이면에 드 러나지 않았던 심리적 기제를 살펴보았다. 때로는 평범한 듯하면서도 특이한 사람으로도 보이는 이들의 엽기적 범

행 뒤에 오래된 성격상 어려움이 있었다는 사실이 드러났
다. 성격적 어려움으로 문제 상황을 자주 마주하는 사람이
품은 불행의 불씨가 긍정적으로 바뀔 수 있을까? 상담사로
서 그들이 겪었던 고통의 시간을 새로운 희망의 불씨로 키
워가도록 도울 수 있을까? 적어도 범죄라는 파국적 결과를
막을 방법은 무엇일지 고민해보았다.

　정신장애를 구분하는 데 스펙트럼 개념을 적용하는 것
과 마찬가지로 성격장애도 이분법적으로 설명될 수 없다.
이 책에서 다룬 열 가지 성격장애는 일반적 성격과 질적으
로 구분된다. 또한 각 성격장애 특성이 서로 다르다는 범주
적 접근categorical approach에 기반한다. 그러나 이러한 범
주적 접근만이 성격장애를 설명하는 유일한 접근일 수 없
고, 성격 특성을 정도의 차이로 설명할 수 있다는 성격장애
에 대한 차원적 접근dimensional approach도 함께 적용해서
이해해야 한다. 즉, 성격장애란 일반인, 즉 병리적인지 않
은 보통 사람들의 성격과는 구분되는 특성인 동시에 부적
응적 정도도 차이가 있다는 의미이다. 다시 말해, 우울증이

있는 사람과 없는 사람으로 구분할 수 없고, 우울의 성향이 어느 정도인지를 언급해야 적절하듯 성격장애의 특성도 개인 간에 정도의 차이가 있을 뿐이라는 뜻이다.

성격장애의 원인을 다룬 많은 연구 결과도 한두 가지로 특정할 수 없는 다양한 원인을 거론한다. 그리고 다른 정신 장애에 대한 원인론과 같이 결국 유전적 소인과 환경적 요인 혹은 그 둘의 조합으로 설명할 수 있다는 원론적 결론에 도달한다. 완성된 성격이나 완벽한 성격은 존재할 수 없다. 하루하루 어제보다 조금씩 달라지는 나를 위해 노력해나갈 수밖에 없는 것이 인간의 운명인가 싶다.

한 개인의 평생이 인류가 걸어온 영겁의 시간 속에서 작은 먼지 같은 존재일 수밖에 없음을 인정한다면, 조금은 가벼운 마음으로 내일을 계획할 수 있지 않을까 싶다. 독자 여러분께서도 과거의 고통과 아픔은 훨훨 날려버리고 소중한 나를 위한 하루하루를 설계해보기를 바란다.

공무원마음건강센터 마음나래 서울센터장
이은진

진단 기준

앞서 사례로 제시된 열 가지 성격장애를 임상 장면(정신의학이나 상담)에서 진단 시 참고하는 DSM-5를 후첨하였다. 이 책의 〈범죄심리 프로파일링〉 부분에서도 서술하는 바와 같이, 실제 범죄심리 프로파일링 과정에서 참고하는 내용이다.

편집성 성격장애 진단 기준

타인의 동기를 악의적으로 해석하는 것 등과 같은 과도한 의심이 초기 성인기를 시작으로 다양한 상황에서 나타난다. 다음 중 네 개 이상 항목에 해당할 때, 편집성 성격장애로 진단할 수 있다.

❶ 충분한 근거 없이 타인이 자신을 착취, 상해하거나 속인다고 의심한다.

❷ 친구나 동료의 신의를 부당하게 계속 의심한다.

❸ 정보가 악용될 것이라는 확인되지 않은 두려움 때문에 남들에게 터놓고 이야기하기를 꺼린다.

❹ 온정에서 비롯된 말이나 행동에 자신에 대한 폄하나 위협 의도가 숨겨져 있다고 해석한다.

❺ 원한을 지속적으로 품으며 자신에 대한 모욕이나 상해, 경멸을 용서하지 않는다.

❻ 자신에 대한 공격(남들에게는 공격으로 보이지 않음)을 인지하면 즉각적으로 화를 내며 반격한다.

❼ 정당한 이유 없이 배우자나 애인을 반복적으로 의심한다.

단, 정신분열증, 정신증 양상psychoticism*이 있는 기분장애, 기타 정신장애 또는 광범위 발달장애의 결과로 나타난 것이 아니며, 의료적 처치의 영향으로 생긴 생리적 효과로 나타난 것도 아니어야 한다.

---

* 정신병적 증상이 있는 사람에게서 흔히 나타나는 증상으로 환각, 망상, 혼잣말, 상황에 부적절한 정서와 행동. 정신장애는 정신병, 신경증, 성격장애로 분류한다.

조현성 성격장애 진단 기준

사회적 관계로부터 유리되고 대인관계 상황에서 정서 표현이 제한되는 양상이 초기 성인기부터 나타난다. 다양한 상황에서 다음 중 네 개 이상 항목에 해당할 때, 조현성 성격장애로 진단할 수 있다.

❶ 가족관계뿐만 아니라 다른 사회적 관계를 즐기지 않는다.

❷ 대부분 혼자 하는 활동을 선택한다.

❸ 타인과의 성性 경험에 흥미가 거의 없다.

❹ 흥미를 느끼는 활동이 거의 없다.

❺ 부모, 형제 외에는 친밀한 친구나 흉금을 털어놓을 수 있는 사람이 전혀 없다.

❻ 타인의 칭찬이나 비판에 무관심하다.

❼ 정서적으로 냉담하거나 물러서 있고 단조롭다.

단, 조현병, 정신증 양상이 있는 기분장애, 기타 정신장애 또는 광범위 발달장애의 결과로 나타나는 것이 아니고, 의료 처치의 영향으로 생긴 생리적 효과로 나타난 것도 아니어야 한다.

조현형 성격장애 진단 기준

사회성 결핍, 인지나 지각 왜곡과 행동의 기이함뿐만 아니라 친밀한 관계에서의 심각한 불편함과 대인관계 형성 능력의 결핍 양상이 초기 성인기부터 광범위하게 나타난다. 다양한 상황에서 다음 중 다섯 개 이상의 항목에 해당할 때, 조현형 성격장애로 진단할 수 있다.

❶ 관계에 대한 불안과 염려. 객관적으로 근거가 없음에도 불구하고 주변에서 생기는 일이 자신과 관계가 있다고 믿으며 그로 인해 불안해하고 관계를 기피한다.
❷ 행동에 영향을 미치고 소문화권의 기준에 부합되지 않는 기이한 믿음이나 마술적 사고(미신, 천리안에 대한 믿음, 텔레파시와 같은 육감, 인형을 살아 있는 생명체로 믿는 기이한 환상이나 집착 또는 특이한 신념 체계)를 지니며 이를 기반으로 행동한다.
❸ 신체적 착각을 포함한 유별난 지각 경험(나 자신이 신

체 바깥에 있는 듯한 기묘함을 느낌)을 한다.

❹ 기이한 사고와 행동, 기이한 언어(지나치게 모호하거나 정반대로 지나치게 자세히 묘사하는 식. 사고방식이나 언어 표현상 개인의 고유한 틀에 박힌 패턴을 지님)를 쓴다.

❺ 의심이나 편집증적 사고(피해망상 등)를 한다.

❻ 부적절하거나 메마른 감정을 느낀다.

❼ 기이하고 엉뚱하거나 특이한 행동을 하거나 기이한 외모를 지녔다. 자신에 대한 관리능력이 현저히 떨어진다.

❽ 직계가족 외에는 가까운 친구나 마음을 털어놓을 수 있는 사람이 적다.

❾ 자신에 대한 부정적 판단보다는 주변의 행동이나 상황에 악의가 있을 것으로 판단하여 생기는 불안감을 느낀다. 친밀해진 사이에서도 줄어들지 않는 불안감을 과도하게 느낀다.

단, 조현병, 정신병적 양상을 동반한 양극성 장애 또는 우울장애, 다른 정신병적 장애 혹은 자폐 스펙트럼 장애의 경과 중 발생한 것은 여기에 포함하지 않는다.

경계성 성격장애 진단 기준

불안한 대인관계, 불안정한 자기상과 정서 그리고 초기 성인기 이전에 시작되는 충동성이 다양한 맥락에서 나타난다. 다음 중 다섯 개 이상의 항목에 해당할 때, 경계성 성격장애로 진단할 수 있다.

❶ 실제나 가상으로 버림받는 것을 피하기 위해 필사적으로 노력한다.

❷ 타인을 이상화하거나 평가절하하는 극단적 행동 양상을 보이며, 대인관계가 불안정하고 강렬하다.

❸ 불안정한 자기상 또는 자기감sense of self으로 인해 정체성 혼란을 지속적으로 겪는다.

❹ 과소비, 과격한 성행위, 약물 남용, 과속 운전, 폭식 등 자기 파괴적 속성인 충동성이 적어도 두 영역에서 나타난다.

❺ 자살 시도, 자살 시늉이나 위협 또는 자해 행위를 반

복한다.

❻ 극심한 불쾌감, 자극 과민성 또는 불안감 등 현저한 기분 변화에 따른 정서적 불안정성이 보통 수 시간 지속된다(수일간 지속되는 경우는 거의 없음).

❼ 만성적 공허감을 느낀다.

❽ 부적절하고 강력한 분노를 느끼며 몸싸움을 자주 하는 등 분노를 통제하는 것을 힘들어한다.

❾ 스트레스와 관련된 일시적 망상 또는 심한 해리 증상이 있다.

자기애성 성격장애 진단 기준

현실에서 크게 벗어난 공상이나 과장된 행동, 칭찬에 대한 욕구, 감정 이입의 부족이 초기 성인기부터 광범위하게 나타난다. 다음 중 다섯 개 이상의 항목에 해당할 때, 자기애성 성격장애로 진단할 수 있다.

❶ 자신의 성취나 재능을 과장하여 생각하거나 뒷받침할 만한 성취가 없음에도 최고로 인정받고 칭찬받기를 원하는 등 자신의 중요성에 대해 과도하게 지각한다.

❷ 성공에 관한 공상이 끝이 없고 이상적 권력, 재능, 아름다움에 대한 공상에 자주 사로잡힌다.

❸ 자신처럼 특별한 상위 계층의 사람만이 자신을 이해할 수 있기에 그러한 사람들(또는 기관)하고만 어울려야 한다고 믿는다.

❹ 타인에게 과도한 칭찬을 요구한다.

❺ 특별 대우를 받을 이유가 없음에도 특별 대우나 더 나아가 상대방이 자신에게 복종하길 바라는 불합리한 기대를 한다.

❻ 자신의 목적을 달성하기 위해 타인을 이용하는 등 대인관계가 착취적이다.

❼ 감정이입 능력이 낮아 타인을 이해하려 하지 않는다.

❽ 타인을 자주 질투하거나 타인이 자신을 질투한다고 믿는다.

❾ 태도 및 언행이 오만하고 건방지다.

연극성 성격장애 진단 기준

감정 표현이 격양되게 드러나며 남의 관심을 끄는 증상이 초기 성인기부터 나타난다. 다음 중 다섯 개 이상의 항목에 해당할 때, 연극성 성격장애라고 진단할 수 있다.

❶ 자신이 관심의 중심에 서지 못하는 상황을 불편해한다.

❷ 상황에 부적절하게 성적으로 유혹하거나 도발 행동을 한다.

❸ 감정 기복이 심하며 감정 표현이 피상적이고 진정성이 없다.

❹ 관심을 끌기 위해서 항상 외모를 화려하게 꾸민다.

❺ 대화할 때 과하게 인상적으로 표현하지만 깊이 있는 내용은 없다.

❻ 스스로를 극적으로 표현하고 감정 표현이 과한 편이다.

❼ 피암시성이 높아 타인이나 환경에 쉽게 영향을 받
는다.

❽ 대인관계 속에서 상대와의 관계를 실제보다 더 친밀
하게 생각한다.

반 사 회 성 성 격 장 애 진 단 기 준

타인의 권리를 무시하고 침범하는 행동 패턴 등이 15세 이후에 나타난다. 다음 중 세 개 이상의 항목에 해당할 때, 반사회성 성격장애로 진단할 수 있다.

❶ 법에서 정한 사회적 기준을 지키지 못하고 체포될 수 있는 행동을 반복한다.

❷ 거짓말을 반복하고 남을 속여 이득을 취하기 위해 가명 사용을 주저하지 않으며, 개인의 이익이나 쾌락을 위해 타인을 속이고 사기를 일삼는다.

❸ 충동적이며 계획적이지 못하다.

❹ 육체 싸움에 빈번하게 휘말리며, 과흥분성(자극과민성)과 공격성을 보인다.

❺ 자신이나 타인의 안전을 무시하는 무모함을 보인다.

❻ 일정한 직업을 갖지 못하거나 채무를 청산하지 못하는 등 무책임한 모습을 지속적으로 보인다.

❼ 자책감을 느끼는 능력이 결여되어 있고 타인에게 상처를 입히거나 학대하거나 절도를 일삼는다.

최소 18세 이상이어야 한다.

15세 이전에 품행 장애가 시작된 증거가 있다. 품행 장애란 청소년들이 나타내는 비행 행동으로 타인에게 피해를 주는 행위를 하는 경우를 뜻한다. 사람과 동물에 대한 공격, 재산 파괴, 사기나 절도, 중대한 규칙 위반 등의 네 가지 문제 행동 중에서 세 개 이상이 12개월간 지속되고 그중 한 항목 이상이 6개월 동안 반복될 때 품행 장애라고 진단한다.

반사회적 행동이 조현병이나 양극성 장애의 조증 상태에서 발생한 것이 아니어야 한다. 단, 조현병이나 양극성 장애(조울증)인 경우에도 반사회적 행동이 나타날 수 있으므로 구별해야 한다. 앞서 제시된 진단 기준 항목의 증상이 조현병이나 양극성 장애로 인해 나타난다면 반사회성 성격장애로 진단하지 않는다.

회피성 성격장애 진단 기준

초기 성인기부터 사회적 억제, 부적절감, 부정적 평가에 대한 예민성이 광범위하게 나타난다. 다음 중 네 개 이상의 항목에 해당할 때, 회피성 성격장애로 진단할 수 있다.

❶ 비판받거나 거부당할 것 같은 두려움과 인정받지 못할 것 같은 두려움 때문에 대인과 접촉해야 하는 직업 활동을 회피한다.

❷ 자신을 좋아한다는 확신이 느껴지지 않는 사람과 어울리는 것을 피한다.

❸ 창피나 조롱을 당할까 봐 두려워 가족이나 소수의 친구 등 가깝게 지내던 사람들과만 관계를 유지한다.

❹ 비난과 거절당하는 것에 집착한다.

❺ 자기존중감이 낮아서 낯선 사람들을 만나면 위축된다.

❻ 자기 자신을 사회적으로 서툴고, 매력이 없고, 열등한

사람으로 자각한다.

❼ 당황스러운 일이 생길까 과도하게 걱정하여 새로운 일
에 참여하거나 자신의 몫을 감당하기를 몹시 꺼린다.

의존성 성격장애 진단 기준

돌봄을 받고자 하는 과도한 욕구로 인해 복종적 행동과 이별의 공포가 초기 성인기부터 삶의 전반에서 나타난다. 다음 중 다섯 개 이상의 항목에 해당할 때, 의존성 성격장애로 진단할 수 있다.

❶ 타인에게 충고와 확신을 얻으려는 마음이 과도하며 일상에서 사소한 결정을 내릴 때 어려움을 느낀다.

❷ 수동적 행동 양식을 보이며, 매우 중요한 결정까지도 타인(주로 한 명의 주된 의존 대상)에게 책임을 떠넘긴다.

❸ 보호와 지지가 상실될지 모른다는 두려움 때문에 자신이 의존하는 대상에게 반대 의견을 내길 어려워한다. 다만, 반대 의견을 내는 것이 보복 등의 현실적인 어려움에 기인한다면 의존성 성격장애라고 볼 수 없다.

❹ 일을 계획하고 독립적으로 수행하는 것에 어려움을 느낀다. 나보다 타인의 능력이 훨씬 뛰어나기 때문에

자신은 끊임없이 도움을 받아야 한다고 생각한다. 일을 적절하게 해낼 수도 있지만, 이럴 경우 도움받을 일이 없어지면 의존할 대상을 잃어버릴지도 모른다는 공포를 느낀다.

❺ 타인의 지지를 얻기 위해서라면 불쾌한 일도 기꺼이 자원한다. 비합리적인 요구에도 복종하고자 하며 이러한 자기희생을 통해서라도 관계를 지속하고자 한다.

❻ 어떤 일이든 혼자서는 감당할 수 없다는 과도한 두려움으로 무력감과 불안감을 느낀다. 혼자 있는 상황을 피하기 위해 자신과 상관없는 일에도 참여하며 주변 사람과 함께하고자 한다.

❼ 친밀한 관계가 끝에 이르면 새롭게 자신을 보살펴줄 사람을 급히 찾는다. 친밀한 관계가 없으면 자신이 무력하다고 생각하기 때문에 무분별하게 관계를 형성한다.

❽ 자신을 스스로 돌봐야 하는 상황을 두려워한다. 타인의 충고나 판단에 전적으로 의지하기 때문에 혼자라는 공포를 느낄 만할 충분한 근거가 없음에도 불구하고 실재하지 않는 공포를 느낀다.

강박성 성격장애 진단 기준

정리 정돈, 완벽, 자신의 마음이나 대인관계를 통제하는 데 집착하여 큰 틀에서 전체를 보지 못한다. 초기 성인기에 시작되며, 다음 중 네 개 이상의 항목에 해당할 때, 강박성 성격장애로 진단할 수 있다.

❶ 세부 사항, 규칙, 순서나 일정에 집착하여 주요한 부분을 잊어버리면서까지 몰두한다.

❷ 지나치게 엄격한 기준을 적용하며 과제 완수를 방해할 정도의 과도한 완벽주의 성향을 나타낸다.

❸ 일과 생산성에 대한 과도한 헌신으로 인해 여가 활동을 즐기지 못하거나 가까운 사람들과 즐거운 시간을 보내지 못한다.

❹ 도덕적, 윤리적 또는 가치의 문제에 대해 지나치게 양심적이고, 완고한 태도를 보인다.

❺ 실용적이거나 감상적인 가치가 없음에도 낡거나 쓸

모 없어진 물건을 버리지 못한다.

❻ 자신의 일하는 방식을 따르지 않는 사람에게 과제를 위임하거나 협력하는 것을 꺼린다.

❼ 돈이란 앞으로 닥칠 어려움에 대비해 비축해야 하는 것으로 여겨, 자신과 타인 모두에게 매우 인색하다.

❽ 경직되고 완고한 모습을 보인다.

이동훈 외 18인 공저(2013).《정신건강과 상담》. 서울: 학지사.

이수정(2015).《최신범죄 심리학 3판》. 서울: 학지사.

American Psychiatric Association (2015).《DSM-5 정신 질환의 진
단 및 통계 편람Diagnostic and Statistical Manual of Mental Disorders:
DSM》. 서울: 학지사(원전은 2013년에 출판).

Beck, A. T., & Freeman, A. (1990). *Cognitive therapy of
personality disorders*. New York: Guilford.

Benjamin, L. S. (2014).《성격장애 진단 및 치료: 대인관계 접근》(서영
석, 김동민, 이동훈, 조민아 공역). 서울: 학지사(원전은 2003년에 출판).

Barnhill, J. W. (2016).《DSM-5 임상사례집》(강진령 역). 서울: 학지사.

(원전은 2014년에 출판).

Clarkin, J.F., Yeomans, F.E., & Kernberg, O. F. (2016). 《경계선 인격 장애의 정신분석 심리치료》(윤순임, 이용승, 심영숙, 문형춘, 남기숙, 이임 순, 김정욱 공역). 서울: 학지사(원전은 2006년에 출판).

Coner, R. J. (2014). 《이상심리학 제7판》. 서울: 시그마프레스.

Gerrig, R. J. & Zimbardo, P. G. (2015). 《심리학과 삶》(이종한, 박권생, 박태진, 성현란, 이승연, 채정민 공역). 서울: 시그마 프레스.

Hare, R. D. (1970). *Psychopathy*. New York: Wiley.

Hare, R. D. (1996). Psychopathy: A clinical construct whose time has come. *Criminal Justice and Behavior, 23*, 25-54.

Hurst, R. M., Nelson-Gray, R. O., Mitchell, J. T., & Kwapil, T. R. (2007). The relationship of Asperger's characteristics and schizotypal personality traits in a non-clinical adult sample. *Journal of Autism and Developmental Disorders, 37*(9).

Kernberg, O. F. (2008). 《경계선 장애와 병리적 나르시시즘》(윤순임, 이용승, 김정욱, 도상금, 심영숙, 문형춘, 남기숙 공역). 서울: 학지사(원전은 1985년에 출판).

Nevid, J. S., Rathus, S. A., & Greene, B. (2016). 《이상심리학 제9판》 (신성만, 권선중, 송원영, 임영진, 장문선, 정여주, 조현주, 최윤경 공역). 서울: 박학사.

Sachse, R., & Kramer, U. (2019). Clarification-Oriented Psychotherapy of Dependent Personality Disorder. *Journal of Contemporary Psychotherapy, 49*, 15-25.

Siever, L. J., Bernstein, D. P., & Silverman, J. M. (1991). Schizotypal personality disorder: A review of its current status. *Journal of Personality Disorders, 5*, 178-193.

Weinbrecht, A., Schulze, L., Boettcher, J., & Renneberg, B. (2016). Avoidant personality disorder: a current review. *Current psychiatry reports, 18*(3), 29.